가장 중요한 생각만
남기는 기술

Think Straight
Change Your Thoughts, Change Your Life
Copyrights © 2017 by Darius Foroux

가장
중요한 생각만
남기는 기술

쓸데없는 생각을 끊어내고 **1퍼센트에 집중하는 힘**

다리우스 포루 지음 | 정미화 옮김

와이즈맵

오직 '한 가지' 생각만 남겨야 하는 이유

《가장 중요한 생각만 남기는 기술》의 한국어판 서문을 쓰게 되어 설레는 마음을 감출 수 없다. 출간 후, 이 책과 함께해 온 여정은 인생에서 가장 보람 있는 경험 중 하나다. 이를 한국 독자 여러분과 함께해 크나큰 영광이다.

이 책은 전 세계 독자들에게 반향을 일으켰을 뿐만 아니라 무엇보다도 다양한 배경을 가진 사람들이 정서적 유대감을 쌓게 했다. 독자들이 보내온 이야기에서 이 책의 메시지가 보편적인 공감을 얻고 있다는 사실이 분명하게 드러났다. 그리고 이 메시지는 한국 사회와도 특별히 관련이 있다고 생각한다.

한국의 급속한 기술 발전, 풍부한 문화유산, 근면한 국민성은 전 세계적으로 잘 알려져 있다. 하지만 그 이면에는 한국 사회의 치열한 경쟁 풍토가 자리하고 있다. 학업이든 직업이든 뛰어난 성과를 거둬야 한다는 압박은 감당하기 어려울 정도다. 개인적으로 공감 가는 부분이기도 하다. 성공해야 한다는 중압감과 부모님의 노후를 책임져야 한다는 압박감은 나도 있었기 때문이다. 그 결과 우리 모두는 종종 극심한 스트레스와 불확실성을 마주하게 되고, 이는 불안으로 이어져 개인의 성장을 방해하기도 한다.

　《가장 중요한 생각만 남기는 기술》을 쓰면서 내 인생에서 가장 힘들었던 시기 중 한때를 떠올렸다. 막막하고 무기력했던 시기였지만, 안간힘을 쓰며 이겨내는 과정에서 귀중한 교훈을 터득했다. 우리가 외부 상황을 항상 통제할 수 없다고 해도, 우리는 내면의 태도를 바꿀 힘이 있다는 것이다. 내가 이 책에서 말하고자 하는 가장 근본적인 핵심이다.

이 책의 본질은 가장 중요한 것만 남기는 방법을 우리 삶에 적용하는 것이다. 여러분이 매일 겪는 압박이 심한 환경에서는 자신의 생각을 선택하는 능력, 나아가 행동을 선택하는 능력을 간과하기 쉽다. 이 책에 제시된 통찰력과 다양한 기법을 적용해서 더 나은 의사 결정을 하고, 집중력을 향상시키고, 무엇보다 정신적 평온함을 누리길 바란다.

실용주의의 선구자 윌리엄 제임스**William James**는 이런 말을 남겼다. "스트레스에 대항하는 가장 강력한 무기는 다른 생각을 선택할 수 있는 능력이다." 경쟁이 치열한 한국 사회에서 실용적인 '단 하나'를 택하는 것은 엄청난 힘이 될 수 있다.

헛된 걱정이나 추측에 빠지기보다는 실행 가능하고 현실적인 것에 집중하도록 자신감을 불어넣기 때문이다.

　가장 중요한 생각만 남기고 모두 지워버리는 기술을 활용해, 꺾이지 않는 마음으로 각자가 원하는 성과를 이루길 바란다. 여러분이 부디 자신만의 '단 하나'를 찾아내 한 걸음 나아가길 바라며.
　당신에게 남은 것은 전진뿐이다.

2024년 3월
다리우스 포루

차례

"생각을 바꾸면 인생을 바꿀 수 있다."

-윌리엄 제임스

01

내가 하는 생각이
곧 내가 된다

1869년, 하버드대학교에서 의학박사 학위를 받은 스물일
곱 살 청년은 '인생의 위기'를 겪고 있었다. 역경이 처음은 아
니었다. 의과대학에 다니는 6년 동안 갖은 질환에 시달렸고,
여러 번 우울증에 빠지는 바람에 학업을 중단하기도 했다.
하지만 이번에는 상황이 더 나빴다. 수개월에 걸쳐 자살 기
도까지 했다. 이 청년의 이름은 윌리엄 제임스다. 그는 훗날
미국 최고의 심리학자이자 실용주의 철학의 창시자 중 한 명
이 됐다. 그가 우울증을 극복하는 데는 3년이 걸렸다. 혼자
힘으로 해낸 일이었다.
 정확히 말해 윌리엄 제임스는 그저 마음이 울적한 수준이

아니었다. 《윌리엄 제임스의 저술The Writings of William James》의 편집자 존 맥더못John McDermott은 그의 정신 상태가 얼마나 심각했는지에 대해 이렇게 말했다. "윌리엄 제임스는 자살하지 않기로 한 자신의 결정을 정당화하면서 인생 대부분을 보냈다." 이 기간에 공황장애와 환각도 겪었다. 이 역시 그에게 생소한 일이 아니었다. 그의 아버지도 몇 년 전에 고통스러운 상황을 마주했기 때문이다. 이런 전력 때문에 그는 자기 건강 상태가 생물학적 요인에서 비롯됐고, 따라서 극복할 수 없는 문제라고 믿었다. 하지만 1870년, 프랑스 철학자 샤를 르누비에Charles Renouvier의 에세이를 읽고 돌파구를 찾았다.

윌리엄 제임스는 일기에 이렇게 썼다. "어제는 내 인생의 위기였다. 샤를 르누비에가 쓴 두 번째 에세이 1부를 끝까지 읽었다. 하지만 그가 내린 자유의지의 정의(다른 생각이 들면 언제든 바꿀 수 있으므로 어떤 생각을 유지하는 것)가 착각의 정의가 될 수밖에 없는 이유를 찾지 못했다. 어쨌든 현재로서는 자유의지가 착각이 아니라고 생각할 것이다. 자유의지에 따른 내 첫 번째 행위는 자유의지를 믿는 것이다."

이런 자각은 훗날 윌리엄 제임스와 찰스 샌더스 퍼스

Charles Sanders Peirce가 창시한 실용주의 철학의 핵심이다. 윌리엄 제임스는 우리에게 생각을 선택하는 능력이 있음을 깨달았다. 다시 말해, 우리는 생각을 통제할 수 있다는 것이다.

하지만 윌리엄 제임스는 우리가 의식을 통제할 수 있다고 말하지 않는다. 앉아서 몇 분 동안 자신의 생각을 주시하면 많은 생각이 마음속을 지나간다는 것을 알아챌 것이다. 생각들은 그저 '거기'에 있을 뿐이다. 이에 대해 우리가 바꿀 수 있는 것은 아무것도 없다. 그렇지만 우리에게는 자유의지가 있기 때문에 어떤 생각에 집중할지 결정할 수 있고, 따라서 의식이 나아가는 방향에 영향을 줄 수 있다.

이는 우리가 살아가는 방식에도 큰 영향을 끼친다. '이런 기분이 들더라도 어쩔 수 없어'의 태도와 '이렇게 생각하기로 했으니까 이런 기분이 드는 거야'라는 태도는 전혀 다르다.

그 핵심은 가장 중요한 생각이 무엇인지 결정하는 데 있다. 즉 연습할수록 생각을 통제하는 데 능숙해져서 무엇을 생각할지 결정할 수 있다. 생각을 능숙하게 통제하면 삶의 질과 업무 성과도 좋아진다. 내가 이 책에서 주장하는 바다.

우리에게는 자기 생각을 결정할 능력이 있다. 인생의 결과는 생각에 좌우된다. 따라서 인생에서 가장 중요한 힘은 생각하는 능력이다. 생각하는 방식을 고치면 이루지 못할 것이 없다. 이 단순한 자각이 모든 것을 바꾼다. 위대한 사상가들도 생각의 중요성을 다룬 글을 썼다. 윌리엄 제임스의 대부로서 큰 영감을 준 랄프 왈도 에머슨**Ralph Waldo Emerson** (19세기 초월주의 운동을 이끌었던 미국의 철학자·시인-옮긴이)은 이렇게 간단히 정리했다. "온종일 하는 생각이 곧 내가 된다."

나는 그것이 맞는 말이라고 생각한다. 하지만 우리는 행동이 생각을 따른다는 것을 깨달아야 한다. 생각을 바꾸지 않고서는 행동을 바꿀 수 없는 법이다. 그럼 시작해 보자.

02

극강의 효율로
생각할 것

두뇌는 우리가 가진 중요한 도구다. 그 어떤 기술이나 장치, 기구보다 더 중요하다. 《마스터리의 법칙**Mastery**》을 쓴 로버트 그린**Robert Greene**은 다음과 같이 명쾌하게 설명했다. "우리가 애착을 둬야 할 도구가 있다면 그것은 바로 두뇌다. 인간의 두뇌는 세상에서 가장 신비롭고 경이로운 정보처리 도구다. 우리가 상상조차 할 수 없는 복잡성을 지니며, 정교함과 유용성에서 그 어떤 기술도 월등히 능가하는 다채로운 힘을 발휘한다."

그러나 한 가지 문제가 있다. 우리는 이 훌륭한 도구를 가지고 태어나지만, 올바르게 사용하는 법을 모른다. 인간은 매우 비실용적인 존재다. 우리는 스스로 잘 생각한다고 여기지만, 연구 결과는 다르게 나타난다. 사람들은 논리를 바탕으로 실용적인 결정을 내린다고 믿는다. 하지만 《상식 밖의 경제학Predictable Irrationality》을 쓴 행동경제학자 댄 애리얼리Dan Ariely는 그렇지 않다고 말한다. "우리는 흔히 자신이 운전대를 잡았다고 생각한다. 결정을 내리고 인생의 방향을 정하는 권한이 자신에게 있다고 여긴다. 안타깝게도 이런 인식은 현실이라기보다는 자신을 그렇게 보려고 하는 욕망과 이어질 뿐이다."

우리는 실용적으로 생각하는 존재가 아니라고 해도 무방하다. 지난 100년 동안 과학자들이 발견한 인지 편향(또는 사고 오류)이 100가지도 넘는다는 사실이 그 증거다. 우리는 올바른 정보 없이 직감이나 감정에 따라 결정을 내리곤 한다. 나는 생각하고 결정을 잘하는 것에 관한 책을 여러 권 읽었고, 내용도 괜찮았다. 하지만 이 분야를 다룬 모든 책에는 문제가 하나 있었다. 실용적이지 않았다는 점이다. 다양한 사례를 들어 우리가 이런 방식으로 생각하는 이유를 잘 설명하지만, 정작 생각하는 방식을 바꾸는 법을 알려주는 실용적인 책은 없었다.

그래서 이 책을 썼다. 이 책에는 생각에 관해 내가 터득한 모든 기술이 담겨 있다. 내 목표는 생각하는 방식을 바꿔 삶이나 업무, 직장 생활을 개선시키는 데 활용할 수 있는 한 가지 기술이라도 알려주는 것이다. 내 아이디어를 모두 공개하는 이유다. 나는 이 책을 여러 번 읽을 수 있도록 최대한 짧고 간단하게 썼다. 이 책이 어려운 시기를 겪는 이들에게 믿고 의지할 버팀목이 되기를 바란다.

실용성을 살리고자 이론, 일화, 개인적인 경험을 결합해 독자 개개인에게 적용할 수 있는 조언을 제시했다. 이런 종류의 책은 마음이 열린 독자에게만 쓸모 있다는 점을 짚고 넘어가려 한다. 여기까지 살펴보고 자기와 맞지 않는다는 생각이 든다면 인생의 한 시간을 아끼는 셈이다. 태우거나 환불하거나 기부하거나 해라. 중간에라도 읽기가 싫어지면 그만 읽어라. 무엇을 하든 명확하게 결정하라.

03

쓸모없다면
생각하지 말라

나는 신경과학자도, 심리학자도, 철학자도 아니다. '생각하기'라는 주제를 다룰 만한 전문가도 아니다. 나는 평생을 생각은 스스로 통제할 수 없다고 믿으며 살아온 사람이다. 그러나 이런 사고방식은 그다지 도움 되지 않았다. 어느 날은 즐거웠다가도 다음 날에는 울적했다. 툭하면 화를 냈다. 직장 생활이나 업무, 인간관계에서 마주하는 간단한 문제조차 해결할 수 없었다. 하지만 많은 일을 겪고, 꾸준히 일기를 쓰고, 다양한 책을 읽고, 수없이 자기 성찰을 하면서 더욱 잘 생각하는 기술을 찾아냈다.

이전보다 생각하는 능력이 좋아졌음을 어떻게 알 수 있을까? 나는 더 이상 생각의 노예가 아니고 그로 인해 훨씬 행복해졌다. 생각이라는 도구를 이용하고 더 이상 생각에 휘둘리지 않는다. 이것이 내가 내린 '생각하기'의 새로운 정의다. 얼마나 똑똑한지, 얼마나 많은 수학 문제를 풀 수 있는지는 아무 상관 없다. 원하는 것을 얻고자 생각을 이용할 뿐이다.

물론 내게 잘 생각하는 문제에 관한 모든 해답이 있다는 말은 아니다. 하지만 생각을 이용하면서 어떻게 더 행복하고, 건강하고, 풍요롭고, 의미 있는 삶을 살게 됐는지는 답할 수 있다.

내가 바로 '생각을 바꾸면 인생이 바뀐다'라는 말의 산증인이다. 불과 3년 전만 해도 나는 스트레스 때문에 지쳤고, 사업가가 되겠다는 꿈을 접었으며, 인생을 증오했다. 사방이 꽉 막힌 느낌이었다. 그렇지만 내 상황이 최악이었다고 과장하고 싶지는 않다.

누구나 그런 일을 겪었을 터다. 살면서 답답하다는 생각이 들지 않았어도 그런 일을 겪는 건 시간문제일 뿐이다. 현대인에게는 자연스러운 문제다. 겁을 주려는 게 아니다. 하지만 자기계발서가 대개 어떤 식으로 흘러가는지 다들 알 것이다. '나는 빈털터리였다. 전 재산을 잃었고, 우울했다. 내 인생은 엉망이었다. 하지만 그때 X를 깨달았다. 그러자 인생이 바뀌었다.'

여기서 X는 그 자기계발서에서 내세우는 아이디어다. 솔직히 말하면 나도 다르지 않다. 이 책에서는 쓸모 있는 생각과 쓸모없는 생각을 구분해야 한다고 설득하려 한다. 하지만 다른 책과 차이가 있다. 나는 내 관점을 제시할 뿐이다. 어떻게 할 것인지는 이 책을 읽는 각자에게 달렸다.

실용주의 철학자이자 기능심리학의 창시자 중 한 명인 존 듀이John Dewey는 이 유명한 말을 남겼다. "진리는 쓸모 있는 것이다." 그렇다고 우리가 듣거나 읽는 모든 것을 믿어야 한다는 뜻은 아니다. 그래서는 망상에 빠질 뿐이다.

항상 명쾌하게 생각하고 싶다면 현실 감각을 갖고 사실을 살펴봐야 한다. 그 후 다른 사람의 관점을 들어보고 '쓸모 있는' 결론을 내야 한다. 가장 중요한 단 한 가지의 쓸모 있는 생각에 집중하라.

04

조종할 것인가,
조종당할 것인가

마음은 근육과 같아서 그 힘을 유지하려면 꾸준히 훈련해야 한다. 마음을 훈련하는 한 가지 방법은 새로운 것을 배우는 일이다. 예전에는 학교 교육이 끝나면 배움도 끝이라고 생각했다. 학교 교육의 끝은 고등학교 졸업일 수도 있고, 대학교나 대학원 졸업일 수도 있다. 학교에 다니는 동안에는 우리 사고방식과 행동 방식을 바꾸는 새로운 기술, 아이디어, 이론을 배운다. 하지만 일단 사고방식을 확립하면 웬만해서는 바꾸지 않는다. 우리는 매번 똑같이 생각하기를 선호한다. 익숙하기 때문이다. 새로운 것은 두렵다는 사실을 터득한 후에는 그것을 피하려고 온갖 노력을 다한다. 우리에게는 긴장보다는 편안함을 선호하는 습관이 있다. "좀 쉬면서 넷플릭스나 봐야겠어." 요즘 남녀노소를 불문하고 우리 모두가 자주 하는 말이다. 나 역시 예외가 아니다.

나는 우리에게 필요한 휴식이 무엇인지 궁금해졌다. 직장의 반복된 업무로부터 휴식이 필요한 걸까? 아니면 익숙한 사고방식으로부터 휴식이 필요한 걸까? 곰곰이 생각해 보면 우리는 반드시 치러야 하는 검사나 시험 등 특별한 이유가 있지 않은 한 거의 신경을 곤두세우지 않는다. 그런 상황이 아니라면 흔히 이런 생각을 한다. '무슨 소용이 있다고 그렇게 해야 하는데?'

말하자면 건강을 유지하기 위해 몸을 단련하는 것처럼 마음을 단련해야 한다는 뜻이다. 4년간 헬스장에 가지 않았다고 남은 평생 운동과 담을 쌓지는 않는다. 그렇다면 몸을 단련하는 것과 같은 방식으로 마음을 단련하는 것은 어떨까?

게다가 마음은 우리가 가진 가장 중요한, 단 하나의 도구다. 이 도구를 올바르게 쓰고 싶다면 마음을 훈련해야 한다. 고대 그리스의 스토아학파 철학자 에픽테토스Epictetus는 이렇게 말했다. "지혜로운 삶은 곧 이성적인 삶이다. 명확하게 생각하는 법을 배우는 게 중요하다. 명확하게 생각하기란 무턱대고 할 수 있는 일이 아니다. 적절한 훈련이 필요하다."

문제는 에픽테토스가 남긴 말처럼 우리는 적절하게 훈련하는 법을 모른다는 것이다. 살면서 거의 내내, 내 생각은 통제 불능이었다. 나는 생각하기에 대해 생각해 본 적이 없었다. 내 생각을 그려보라고 했다면 이런 모습이었을 것이다.

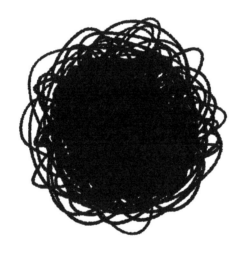

이 엉망진창인 상태가 내 마음속 모습이었다. 혼돈 그 자체였다. 긍정적인 생각, 부정적인 생각, 행복한 생각, 슬픈 생각에 더해 혼란스러운 생각까지 한데 뒤엉켜 있었다. 나는 항상 생각했다. '왜 생각을 멈출 수 없는 걸까? 일시 정지 버튼은 어디 있는 거야?' 돌이켜보면 나는 그 자체로 훌륭한 도구인 두뇌를 어떻게 써야 하는지 몰랐다.

05

오직 단 한 가지만
생각하라

2014년 나는 네덜란드 북부의 레이우아르던에서 런던으로 이주했다. 내가 자란 인구 10만 명의 소도시에서 700만 명이 사는 대도시로 간 것이다. 런던 생활은 생각보다 힘들었다. 특히 집을 찾을 때는 더욱 그랬다. 여기저기 알아도 보고 새로운 직장 동료들과 얘기해 본 결과, 나는 바가지를 쓰지 않고 단기간에 아파트를 구하는 것은 거의 불가능하다는 것을 알게 되었다. 대신 방 하나를 3개월 빌리기(그것이 훨씬 더 쉬웠다)로 했다. 동시에 대중교통으로 한 시간 안에 출퇴근할 수 있는 런던 내 여러 지역을 찾아보기로 했다. 그것이 내 계획이었다. 그리고 모든 것이 순조로웠다. 처음에는 말이다.

2개월 후, 런던 남서부의 얼스필드에서 작고 저렴한 원룸을 찾았다. 나는 모든 계획이 서 있었다. 지금 사는 방의 계약을 취소하고 새 거처의 임대 계약을 맺었다. 부모님과 남동생은 이사를 돕기 위해 네덜란드에서 직접 차를 몰고 왔다. 짐이 많지 않았기 때문에 차만 있으면 지금 집에서 10분 떨어진 새집까지 짐을 옮길 수 있을 터였다. 내가 생각한 일의 진행 순서는 이랬다. '짐을 싼다. 새집 열쇠를 챙긴다. 살던 집의 열쇠를 집주인에게 돌려준다. 새집으로 들어가서 넷플릭스를 보며 느긋하게 쉰다.' 물론 이 모든 과정을 한날에 한다는 생각이었다.

역시나 일은 계획대로 되지 않았다. 새 집주인은 마지막 순간에 마음을 바꿔 방을 임대하지 않기로 했다. 그 사실을 내가 이사 들어가기로 한 날 하루 전에 알려왔다. 갑자기 살 곳이 없어졌고 차에는 내 짐이 한가득이었다. 그날 밤 나는 부모님의 호텔방에서 엄청난 공황에 빠졌다.

"어떻게 해야 할지 모르겠네요. 오갈 곳도 없고, 짐은 전부 차에 있고, 가족들을 네덜란드에서 여기까지 오게 했는데 지금은 호텔방에 바보처럼 앉아 있으니 말이지요."

나는 그날 하루 내내 계속 자책했다. 누군가는 이런 생각을 할 것이다. '설마 그렇게까지?' 정말 그랬다. 돌이켜보면 너무 호들갑을 떤 것은 아닌가 하는 생각이 든다. 그냥 이렇게 정리하자. 내가 너무 유난스러웠다고, 여간 난리 친 게 아니었다고 말이다. 그래서 이 사례를 선택했다. 내가 얼마나 바보 같은 생각을 하고 있었는지 보여주기 때문이다. 머릿속 생각에만 치우치다 보니 정작 상황을 제대로 파악하지 못했다. 나는 명확하게 생각하지 못했다. 왜 그랬을까? 런던 같은 도시에서는 흔한 문제라서? 솔직해지자.

다음날 나는 부모님과 동생의 격려에 힘입어 자기연민을 멈추고 해결책을 찾아보기로 했다. 나는 속으로 되뇌었다. '정신 차리자.'

뒤죽박죽 얽힌 상황을 정리해야 한다는 것을 알았다. 문제의 핵심을 분명히 짚고 싶어서 현재 상황을 그림으로 그려보았다.

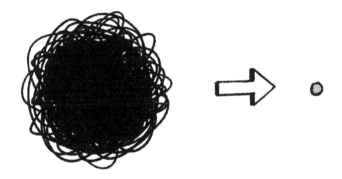

왼쪽 쓸데없는 생각들-걱정. 스트레스. 괴로움. 혼란. 어떻게 해야 할
지 모르겠음.

오른쪽 유일하게 쓸모 있는 한 가지 명확한 생각-내 마음을 하나의 도구로
사용하고 싶음. 런던 이사 문제는 신속하게 해결책을 찾고 싶음.

　　일단 정신을 차리고 생각하기 시작하자 해결책을 찾기는
쉬웠다. 나는 새로운 거처를 찾을 때까지 에어비앤비를 이용
했다. 결국 우리는 임시 숙소에서 일주일간 지냈다. 집주인
은 다시 마음을 바꿔서 나에게 방을 빌려주기로 했다.

　　이렇게 되니 스트레스 받으며 걱정했던 온갖 생각들이 아
무짝에도 쓸모없게 느껴졌다. 이런 일은 얼마나 자주 일어날
까? 우리는 늘 자신의 추측을 바탕으로 서둘러 판단하고 결

론을 내린다. 우리 모두는 인간이다. 항상 실수를 하고 마음을 바꾼다. 그리고 사실과 별개로 상황을 지레짐작한다. 그것이 정상이다. 진짜 문제는 마음을 통제 불능 상태로 내버려 두는 일이다.

이후에도 여러 번 쓸데없는 고민을 한 끝에 나는 생각을 바꾸기로 결정했다. 생각을 바꿀 수밖에 없었던 대단한 깨달음을 얻거나 매우 극적인 어떤 한순간이 있었던 것은 아니다. 인생은 할리우드 영화가 아니다. 사람들은 문제가 정점에 이른 뒤에야 달라진다. 어느 순간 우리는 참지 못하고 말한다. "이제 그만." 물론 알다시피 사람들 대부분은 평생토록 전혀 바뀌지 않는다. 하지만 그것은 우리의 관심사가 아니다.

나는 수년간 마음의 혼란을 겪으면서 정신적 고통이라면 진절머리가 났다. 이보다 더 좋게 포장해서 말할 수가 없다. '모든 것을 잃어버린' 순간은 필요하지 않다. 그와 같은 순간은 거의 일어나지 않는다.

2년쯤 전부터 나는 생각을 바꾸기 시작했다. 그리고 내 마음속 혼란스러움을 명확함으로 바꾸는 방법을 터득했다. 지금은 마음이 평온하다. 이제부터 내가 어떻게 했는지 정확하게 알려주려고 한다. 그 전에 먼저 생각하기의 역사를 간단히 짚고 넘어가자.

06

모든 결과는
생각의 책임이다

생각은 중요하다. 하지만 모든 생각이 똑같이 중요하지는 않다. 가장 중요한 것은 생각의 질이다. 로마제국의 황제이자 스토아학파 철학자인 마르쿠스 아우렐리우스Marcus Aurelius가 가장 적절하게 표현했다. "우주는 변화고, 우리 삶은 우리 생각의 결과이다."

주변을 잠깐 살펴보더라도 삶은 그 어느 때보다 빠르게 변화하고 있다는 사실을 알 수 있다. 일자리가 사라지고, 스마트폰은 사람을 좀비처럼 만들고, 교육비는 부담스러운 수준에 육박하고, 생활비는 급격하게 오르지만 급여는 오르지 않고, 나 자신을 위한 시간은 줄어들고 있다. 삶이 너무 빠르게 변하는 나머지 마치 매일 새로운 세상에서 깨어나는 것 같다. 당신의 생각은 어떤가? 만약 나와 같은 부류라면 이렇게 전개되는 상황은 수많은 생각, 즉 걱정이나 불확실성을 불러일으킬 것이다. '어떻게 하면 살아남을 수 있을까?' '어떻게 하면 시장 변화에 적응할 수 있을까?' '어떻게 해야 이 분야에서 성공할 수 있을까?' '어떻게 하면 제정신을 차릴 수 있을까?' 생각을 통제하기란 어려운 일이다.

생각을 통제하려는 욕구는 현대 문명만큼이나 오래됐다. 기원전 5세기 이래로 시대와 지역을 불문하고 모든 철학자가 동의한 한 가지 생각이 있다. '인간의 마음은 문제를 해결하는 도구이다.' 그리고 많은 철학자가 생각의 질이 삶의 질을 결정한다고 주장한다. 공자부터 소크라테스, 데카르트, 윌리엄 제임스에 이르기까지 모두 자신의 사고방식, 즉 세상을 보는 방식을 두고 이야기했다.

대다수 사람들이 모든 것, 심지어 자기 자신에게도 의문을 제기하는 소크라테스식 문답법을 알고 있다. "나는 내가 아무것도 모른다는 것만을 안다." 세상에서 가장 현명한 사람이라고 칭송받은 소크라테스가 델포이 신전에서 했다는 유명한 말이다. 자신이 무지하다고 생각한 사실이 오히려 소크라테스를 현명한 인물로 만든 것이다. 그것이 바로 사고방식이다.

17세기 프랑스 철학자 르네 데카르트는 한 걸음 더 나아갔다. 데카르트는 삶의 모든 것에 의문을 제기했다. 심지어 자기가 꿈을 꾸고 있거나 이 세상이 가상이 아니라는 사실을 어떻게 확신하느냐며 자기 존재에도 의문을 제기했다. 그러면서 데카르트는 그 유명한 말을 했다. "Cogito, ergo sum." 흔히 이렇게 번역한다. "나는 생각한다, 고로 존재한다." 데카르트는 자신이 생각할 수 있으므로 틀림없이 존재한다고 결론 내렸다.

내 생각이 아무리 무모할지라도 그로써 내가 존재한다고 말할 수 있다. 그렇다면 자신의 존재를 조금 더 실용적이고, 유쾌하고, 재미있고, 쓸모 있게 만들어보는 것은 어떨까?

자신의 생각을 관찰하거나 글로 써 본 적이 있는가? 하루 시간을 내 한번 해보기를 권한다. 두 시간쯤마다 자리에 앉아 바로 그 순간에 무슨 생각을 하고 있는지 적어보자. 지레 겁먹을 필요는 없다. 우리의 생각은 대부분 아무 의미가 없다. 우리는 모순된 존재인 셈이다. 데카르트 역시 자신의 생각을 되짚으며 많은 모순을 찾아냈다. 데카르트의 가장 중요한 사상은 우리는 믿음 자체가 아니라 믿음의 출처에 의문을 가져야 한다는 것이다. 왜냐하면 우리의 믿음 대부분은 우리자신이나 다른 사람의 인식에 기반하고 있기 때문이다.

자기 생각 가운데 얼마나 많은 생각이 다른 사람의 말에 따르는가? 아니면 처음 든 생각이나 추측에 따르는가? 생각하는 기술의 핵심에는 진실과 거짓을 구분하는 우리의 능력이 자리한다. 그렇다면 진실은 무엇이고, 거짓은 무엇일까?

이 질문을 살펴보는 방법으로 실용주의 관점을 취할 수 있다. 윌리엄 제임스는 실용주의라는 개념을 이렇게 설명한다. "일의 시초, 첫 번째 원칙, 첫 번째 범주 등 소위 필수 불가결한 것을 외면하고 최후의 상황, 최후의 결실, 최후의 결론, 최후의 사실을 바라보는 것이다." 생각은 쓸모가 있어야 한다. 그렇지 않으면 소용없다. 그것이 바로 명쾌하게 생각하는 기술이다.

실용주의는 해결책이 아니라 사고방식이다. 사실 모든 사고방식은 하나의 방법일 뿐이다. 생각은 도구다. 하지만 사용하기 매우 어려운 모순적인 도구다. 미국 자동차 회사 포드의 창립자 헨리 포드**Henry Ford**가 아주 적절한 말을 했다. "생각하는 것은 세상에서 가장 힘든 일이다. 생각하는 일에 종사하는 사람이 그렇게 적은 이유가 아마도 그 때문일 것이다." 생각하기는 힘들 뿐 아니라 삶에서 가장 중요한 단 하나의 일이기도 하다.

기억하자. 생각의 질이 삶의 질을 결정한다. 그리고 우리가 내린 결정은 우리가 생각한 결과다.

07

노력만 하면
된다는 거짓말

나는 항상 일직선으로 생각했다. A가 B로 이어지고, 만약 B가 C라면 A는 C로 이어진다는 식이다. 겉으로 드러난 상황을 살펴보고 처음 드는 생각에 따라 많은 추측을 했다. 하지만 내 생각은 그다지 쓸모가 없었다. 사실 전혀 쓸모가 없었다. 나는 생각하지 않고 관습을 따랐다. 다른 사람들이 나를 대신해서 생각하도록 뒀다. 우리 대부분이 그렇다. 예를 들어 나는 대학교를 졸업하면 취업 걱정을 할 필요가 없으리라고 생각했다.

　솔직히 스물여섯 살 정도 될 때까지 그렇게 믿었다. 인생에서 보장된 것은 아무것도 없고 돈을 벌려면 열심히 일해야 한다는 사실을 나중에야 뼈저리게 깨달았다. 게다가 돈을 버는 일은 학위와 아무런 관련이 없다. 만약 직업적 성공을 예측할 수 있는 또 다른 요소를 꼽아야 한다면 나는 기술이라고 말할 것이다. 어떤 일에 능숙할수록 다른 사람들에게 더 많은 가치를 제공할 수 있고, 사람들은 그 가치에 대한 대가로 기꺼이 더 많은 돈을 지불하기 마련이다.

목표 달성 역시 결코 일직선으로 일어나지 않는다. 사람들 대부분은 자신의 현재 위치에서 가고자 하는 위치까지 일직선으로 이어진다고 믿는다. 자신의 목표가 사업을 시작해 인생에서 더 많은 자유를 누리는 것이라고 가정해 보자. 그

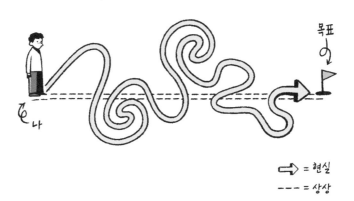

것은 항상 나의 목표였다. 나는 목표를 이룰 때까지 노력만 하면 된다고 생각했다.

하지만 목표는 그런 식으로 달성되는 것이 아니었다. 나는 무수히 우회해야만 했다. 중간에 다른 여러 사람들을 위해 일했다. 사업을 시작했지만 실패하기도 했다. 삶이 일직선으로 흘러가지 않는다는 사실을 이해하는 과정은 우리의 사고방식을 바꾸는 데 도움이 된다. 그 과정에서 나는 수없이 낙담하고 그만둘 뻔했다. 이제는 일이 계획대로 진행되지 않는 경우가 많다는 것을 알고 있다. 덕분에 나는 목표에 더 가까워지려면 대안이나 대체 선택지를 생각해야 한다는 것도 깨달았다.

부동산 투자도 나의 개인적인 목표 중 하나였다. 런던이나 암스테르담에 살 때는 부동산 투자를 시작할 충분한 자본이 없었기 때문에 쉽지 않았다. 그래서 돈을 더 많이 벌기 위해 내 삶의 질을 희생해야 한다는 엄청난 압박에 시달리는 대신 다른 곳을 찾아 나섰다. 나는 성장하는 부동산 시장들을 조사한 뒤 고향으로 돌아갔다.

물가는 낮았고, 아는 사람이 많았고, 인구도 늘고 있었고,

시에서는 신규 사업과 교육에 많은 투자를 하던 참이었다. 다른 곳을 찾아 나선 지 두 달 후, 나는 고향에서 첫 번째 부동산 매매를 했다.

요점은 목표를 이루는 방법에는 여러 가지가 있다는 것이다. 또한 만약 모든 사람이 한 가지 일을 하고 있다면 그 일은 하지 말아야 한다는 의미인 경우가 많다.

무작정 노력하는 것만이 중요한 게 아니다. 가장 중요한 생각을 찾고 그 길이 일직선이 아님을 받아들이라.

08

점도 찍지 않고
선을 바라다니

우리의 두뇌는 생각이 활발하게 이루어지지 않을 때도 끊임없이 작동한다. 우리 몸의 중요한 모든 기능을 관리하는 것 외에도 들어오는 정보 하나하나를 전부 스캔한다. 이렇게 스캔한 정보를 이미 저장해 둔 다른 정보와 비교하고, 이 정보들 사이의 유사점과 차이점을 찾는다. 이것이 우리가 새로운 아이디어를 찾아내기 위해 생각하고 두뇌를 사용하는 방식이다. 다음 그림과 같이 인간의 두뇌는 다른 네트워크와 연결되는 수많은 작은 뉴런 네트워크로 구성되어 있다.

기본적으로 두뇌의 작동 방식을 이해하기만 해도 두뇌를 어떻게 훈련시킬 수 있는지 아이디어를 얻는 데 도움이 된

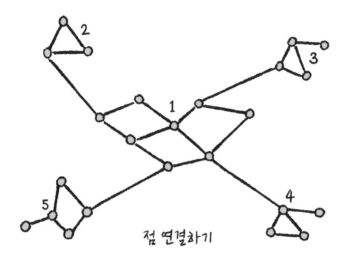

점 연결하기

다. 습득한 정보를 직접적으로 응용할 방법을 찾는 것은 걱정할 필요가 없다. 궁금한 지식을 두뇌에 공급하면 된다. 그러면 그 다양한 정보가 각기 다른 네트워크에 저장될 것이고, 나중에 우리가 점들을 연결하면 된다. 미국 스탠퍼드대학교 졸업식 연설에서 스티브 잡스가 말한 내용처럼 말이다. "우리는 점을 연결할 때 앞을 내다보며 할 수 없고, 뒤를 돌아봐야만 할 수 있습니다. 하지만 이 점들이 미래에 어떤 식으로든 연결되리라는 믿음을 가져야 합니다."

언젠가 점들이 연결되기를 바란다면 반드시 두뇌에 점들을 만들어놔야 한다. 이러한 점을 만드는 유일한 방법은 배우고, 실행하고, 실수하고, 곰곰이 생각하는 등 자신이 원하는 출력 결과를 얻기 위해 입력해야 하는 정보를 두뇌에 제공하고자 무엇이든 하는 것뿐이다.

09

머리를 비우거나 미치거나

우리의 두뇌가 처리하기에 세상에는 정보가 너무 많다. 그래서 정보를 필터링할 수밖에 없다. 그러지 않으면 우리는 미쳐버릴 것이다. 그리고 이 필터링 과정에서 우리는 결정을 내릴 때 발생하는 인지 부하cognitive load를 줄일 수 있는 단축키를 만든다.

이런 단축키를 휴리스틱heuristic이라고 한다. 휴리스틱은 우리가 이전에 유사한 문제를 경험하면서 얻은 전략을 말한다. 누구나 알고 있는 한 가지 휴리스틱이 '시행착오'다. 시행착오는 우리에게 닥친 문제의 답을 찾기 위한 전략이다. 또한 휴리스틱은 하나의 사고방식이기도 하다. 하지만 시행착오가 항상 가장 실용적인 전략은 아니다. 경력을 쌓기 위해 시행착오에 의존한다면 아마도 우리는 목표를 달성하기 전에 죽고 말 것이다.

모든 일에 시행착오 전략을 적용하기에 인생은 너무 짧다. 실용적이지 않은 또 다른 휴리스틱은 '사회적 증거social proof'다. 우리는 종종 다른 사람들의 말이나 행동에 따라 결정을 내린다. 내가 가장 경계하는 휴리스틱은 '익숙함familiarity'이다. 과거의 행동이 좋은 결과로 이어졌다고 해서 반드시 다음에도 좋은 결과로 이어지는 것은 아니라는 말이다. 또한 우리가 새로운 것보다 이미 알고 있는 사물과 장소를 선호하는 이유도 설명이 된다. 이는 우리가 매일 겪는 일 중 하나다. 우리는 같은 음식을 먹고, 같은 길로 걷고, 같은 실수를 저지르고, 직장에서 같은 일을 마무리한다. 이 모든 일이 되풀이된다. 그러고는 삶이 답답하거나 지루하다고 불평한다.

당연히 당신도 익숙함을 기준으로 결정을 내린다. 하지만 익숙함이 항상 좋다고 누가 그러던가? 확실하다는 점에서는 좋겠지만, 획기적인 발전을 이루려면 색다른 것이 필요한 법이다.

휴리스틱 방식에 따라 결정을 내리면 인지 부하를 줄일 수 있겠지만, 실용적이지는 않다. 그리고 종종 불만족스러운 결과로 이어지기도 한다. 그런 경우에는 뭔가를 바꿔야 한다는 신호로 받아들이자. 정보를 필터링하고 결정을 내리는 데 휴리스틱 대신 실용주의의 핵심 사상을 따라보자.

'쓸모 있는 것이 진리다.'

그렇다고 이 말을 너무 있는 그대로 받아들이지는 말자. 논쟁을 좋아하는 한 친구에게 이 말을 했더니 이렇게 대꾸했다. "나한테는 마약을 하는 게 쓸모가 있던데." 친구의 말이 맞다. 이 말을 문자 그대로 받아들일 수는 없다. 하지만 삶에서 무엇을 있는 그대로 받아들일 수 있을까? 예를 들어 '기다리는 자에게 복이 온다'라는 진부한 말을 생각해 보자. '복'이 올 때까지 하는 일 없이 집에 틀어박혀 기다려야 한다는 뜻이 아니라고 설명할 필요는 없을 것이다.

'쓸모 있는 것이 진리'라는 말을 우리 뇌에 전달되는 모든 정보에 적용할 수 있는 일종의 '필터'라고 생각해 보자. 나는 결정을 내려야 할 때 스스로 이렇게 묻는다. '결정한 결과가

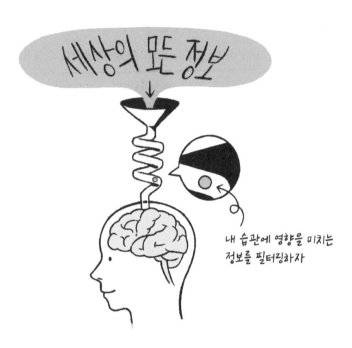

세상의 모든 정보

내 습관에 영향을 미치는
정보를 필터링하자

내 삶의 방식을 바꿀까?' 스스로 끊임없이 이런 질문을 한다
면 불필요한 정보를 자동으로 걸러내고 내 삶에 실제로 영향
을 미치는 결정만 하게 된다는 사실을 알게 될 것이다. 쓸모
가 있는 것, 즉 유용하고 자신의 습관에 영향을 미치는 것을
억지로라도 활용할 것이다. 예를 들어 전통적인 사고방식으
로는 대도시에 살수록 더 큰 기회가 온다고 생각한다. 솔직

히 나도 그 말이 사실이라고 생각했다. 내가 런던으로 이사한 가장 큰 이유이기도 하다. 그때 당시 커다란 기회를 잡은 것도 사실이다.

하지만 동시에 책임도 커졌고 문제도 커졌다. 게다가 나는 대도시를 좋아하지 않는다. 혼잡하고 공기는 탁하고 생활비는 터무니없이 비싼 점이 마음에 들지 않는다. 분명 대도시 생활은 내게 맞지 않았다. 그런 식의 생각은 삶의 방식에도 부정적인 영향을 끼쳤다.

결국 나는 고향으로 돌아갔다. 조용하고, 아는 사람이 많고, 적게 일하고 많이 벌 수 있고, 어디든 차로 10분이면 갈 수 있다. 하지만 많은 사람에게 내 삶의 방식이 맞지 않는다는 사실도 알고 있다. 그들로서는 지루하거나 그다지 흥미롭지 않다고 생각할 수 있다. 그렇다면 어떻게 해야 할까? 자신에게 맞는 것을 하면 된다.

10

생각 거르기 연습

생각하는 것은 어렵다. 나는 생각을 멈추는 방법을 전혀 몰랐다. 특히 밤에 침대에 누워 있을 때는 몇 시간이고 생각에 빠져 있기 쉽다. 하지만 과거에 내가 했던 모든 생각 중 99퍼센트가 쓸모없었다고 자신 있게 말할 수 있다. 대부분 생각만 하고 아무것도 하지 않았기 때문이다. 문제를 해결하지도 않았고, 책에 나오는 어려운 사상이나 개념을 이해하려고 노력하지도 않았다. 나는 머릿속으로 다음과 같은 생각을 하면서 긴 시간을 보냈다.

실패하면 어쩌지?   암에 걸리면 어쩌지?

사람들은 나를   외톨이가 되긴 싫어
낙오자라고 생각할거야

나는 이런 것을 생각이라고 불렀다. 하지만 실상은 걱정하거나 초조해하거나 지레 겁을 먹는 것이었다. 부르기 나름이었다. 이제는 '마음의 집착'이라고 부른다. 그렇다면 무엇에 대한 마음의 집착일까?

집착 대상은 무궁무진하다.

• 일을 망쳐서 직장을 잃으면 어떻게 하지?

• 상사가 하는 생각이 궁금해.

• 그 여자가 나한테 관심이 없는 것 같아.

• 난 계속 실패만 해.

- 그 사람이 나를 좋아할까?

- 내 인생은 왜 이 모양이지?

- 삶이 끔찍한데 다른 사람들은 그렇지 않은 이유가 뭐지?

- 직업이 마음에 들지 않아. 내게 무슨 문제가 있는 걸까?

- 난 아무것도 끝내지를 못해. 도대체 왜 그런 거지?

- 그만하고 싶어.

한 가지 물어보고 싶은 것이 있다. 이런 생각들은 실제 어떤 이로운 점이 있을까? 기다릴 테니 답을 생각해 보자. 답을 알겠는가? 바로 그것이다. 이런 종류의 생각은 우리에게 도움이 되지 않는다. 하지만 우리 모두가 하는 생각이다. 그렇다면 어떻게 해야 이런 생각을 없앨 수 있을까? 나는 이러한 생각을 없앨 수 없다는 사실을 알게 되었다. 기억하겠지만, 우리는 의식을 통제할 수 없다. 어떤 생각을 따를지만 통제할 수 있다.

우리는 단지 자신의 생각을 인식하고 있으면 된다. 자기 생각을 인정하자. 그렇지만 결코 스스로를 비난하거나 '난 왜 이런 생각을 하지?'라고 되묻지 말자. 그 답을 아는 사람은 아무도 없다. 자기 생각을 인식하고, 어떤 생각을 무시하고 어떤 생각을 중요하게 여길지 결정하는 편이 바람직하다. 내가 기억하는 한, 무슨 일을 하든 머릿속에 그만두고 싶다는 생각이 있었다. 고등학생 때는 학교를 그만두고 일자리를 찾고 싶었다. 농구를 할 때도 관두고 싶었고, 결국 그만뒀다. 나는 계속 나아갔기에 현재에 도달한 셈이다. 내가 하는 일을 아무리 좋아한다고 해도 한 달에 서너 번은 다 버려두고 떠나고 싶다는 생각이 든다. 예전에는 이런 생각 때문에 수없이 밤잠을 설쳤다.

2년 전 나는 진절머리가 났다. 그만 생각하고 싶었다. 그래서 모든 생각에 따라 일일이 행동하는 대신 내 생각을 의식하기 시작했다. 이상한 사람처럼 스스로 이렇게 말하곤 했다. "너는 나를 통제할 수 없어!" 놀랍게도 효과가 있었다. 덕분에 나는 훨씬 차분해지고 행복해졌다. 그만두고 싶어지면 여전히 이 마음의 소리에 귀를 기울인다. 마음의 소리는 때로 어떤 신호기 때문이다. 하지만 단지 두려움인 경우가 더 많다. 나는 두려움에 굴복하지 않으려 한다. 당신도 그럴 수 있다. 틀림없이.

11

당신의 생각 중
99%는 쓰레기다

쓸모 있는 생각을 하고 싶다면 이렇게 하면 된다. 내가 통제할 수 있는 것만 생각하는 방법이다. 그러면 생각의 99퍼

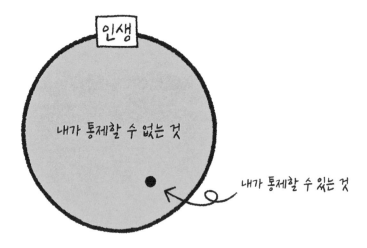

센트가 자연스레 없어진다. 인생에서 내가 통제할 수 있는 것은 거의 없기 때문이다.

다음과 같이 내가 통제할 수 있는 것에만 집중하자.

- 욕구
- 행동
- 말
- 의도

쓸모없는 생각이란 무엇일까? 내가 통제할 수 없거나 유용한 목적이 없는 생각은 모두 쓸모없는 것이다. 과거에 대해 생각해 본 적 있는가? 지나간 결정이나 실수를 반성하려는 것이 아니라면 아무런 목적 없이 되는대로 떠올리는 생각일 뿐이다. 반성하는 경우에만 쓸모 있는 일을 하는 셈이다. 하지만 그 외에 과거에 관한 생각은 모두 아무 소용이 없다. 그런 관점에서 쓸모없는 것이다.

미래에 대한 환상을 가져본 적이 있는가? 그 역시 쓸모없는 생각이다. 나는 쓸모 있는 생각의 2가지 주요 유형을 알아냈다.

1. 문제를 어떻게 해결할지 생각하는 것

머리를 써서 문제 해결 방법을 생각해 보는 과정이다. 여기서 말하는 문제란 아직 답이 나오지 않은 상태일 뿐이다. 이 세상에는 그런 문제가 아주 많다.

2. 지식을 이해하는 것

지식을 습득하고 그 지식을 이용해 자기 삶, 경력, 업무, 인간관계 등을 개선할 방법을 생각해 보는 과정이다.

쓸모 있는 생각은 이 2가지 유형뿐이다. 다른 생각은 모두 무시해도 그만이다. 만약 유용한 목적이 없는데도 끊임없이 생각하고 있다면 아직 마음이 훈련되지 않았기 때문이다. 생각에서 벗어나야 한다. 그렇지 않으면 미쳐버릴 것이다. 예외 없이 누구나 그렇다.

스스로 물어보자. '그럴 가치가 있나?' 진정 나의 시간, 에너지, 인생을 쓸데없는 생각을 하는 데 허비하고 싶은가? 우리 모두 그 답을 안다. 쓸데없는 생각을 그만하겠다고 다짐하고, 마음을 다스리기 시작하자. 내게 가장 중요한 생각만을 남기자. 과거나 미래에 대한 걱정은 아무 도움이 되지 않는다. 예전에도 그랬고, 앞으로도 그럴 것이다.

12

최고의 결정 따윈 없다

돌이켜봤을 때 터무니없어 보이는 결정을 내린 적 있는가? 우리는 매우 비논리적인 존재다. 모두가 자신만의 사회적 현실을 만든다. 우리 모두 인지 편향cognitive bias에 빠져 있기 때문에 세상을 보는 관점은 지극히 주관적일 수밖에 없다.

인지 편향이라는 개념은 1972년에 두 심리학자 아모스 트버스키Amos Tversky와 대니얼 카너먼Daniel Kahneman에 의해 소개되었다. 인지 편향은 판단, 더 나아가 우리의 결정에 영향을 미치는 사고체계의 오류를 말한다. 내가 가장 좋아하는 인지 편향은 '주의 편향attention bias'이다. 이는 삶이 우리 생각의 결과라는 주장의 과학적인 증거다. 주의 편향에 따르면 우리

인식은 생각의 영향을 받는다. 그리고 당연히 우리의 인식은 우리 삶을 이루는 행동과 결정에 영향을 미친다. 만약 부정적인 생각을 가지면 삶에 대해서도 부정적으로 인식하기 마련이다. 이것이 바로 주의 편향이다.

우리의 마음은 비논리적일 수도 있지만 동시에 단순하기도 하다. 가장 잘 알려진 인지 편향 중 하나인 확증 편향 **confirmation bias**을 살펴보자. 우리의 선입견을 확인하는 행동을 확증 편향으로 설명할 수 있다. 만약 어떤 것을 믿는다면 우리는 그 믿음을 뒷받침할 정보나 단서, 신호를 열심히 찾을 것이다.

다시 말해 내가 틀리지 않았음을 입증하기 위해 무엇이든 한다. 사실을 보지 않고 믿음을 본다. 모든 인지 편향이 그렇다. 이 글을 쓰는 시점을 기준으로 의사결정과 관련된 인지 편향이 알려진 것만 106가지에 이른다. 나는 알려진 대부분의 인지 편향을 파악했다.

그리고 인지 편향을 다룬 책과 연구도 여럿 읽었다. 내 결론은 우리의 마음은 믿을 수 없다는 것이다. 어쩌면 내 결론도 인지 편향일 수 있다. 아무도 모를 일이다.

요점을 말하면 믿음이나 명백한 논리, 심지어 과학에 근거하여 결정을 내리지 말라는 것이다.

과학자도 인간이다. 즉 과학자 역시 자기만의 인지 편향을 갖고 있다. 과학자가 자신의 선입견을 입증할 증거를 찾는 것은 확실한 사실이다. 지식이 더 많다고 더 나은 결정을 내리는 것은 아니다. 오히려 실용적이고 중립적인 관점을 가지면 더 잘 알고 결정을 내린다는 사실이 드러났다. 안타깝게도 '최고의 결정'이라는 것은 없다. 만약 그런 것이 있다면 우리는 논리적이고 실용적인 결정을 내리는 사람들로 가득한 완벽한 세상에 살았을 것이다. 내가 보기에 세상에는 잘 알고 내린 결정과 잘 모르고 내린 결정만 있을 뿐이다. 책 몇 권 혹은 연구 몇 건을 읽었으니 모든 것을 이해했다고 생각하는 것은 꽤 위험한 일이다.

단 한 가지 문제가 있다. 아는 것이 아무리 많다고 해도 여전히 자신의 판단은 믿을 수 없다는 것이다. 이 단순한 생각을 인식하면 더 잘 알고 결정을 내리는 데 도움이 된다. 나는 어떤 사고방식에 갇힐 때마다 인지 편향 목록을 살펴보면서 벗어나려고 한다. 누구나 할 수 있는 쉬운 방법이다. 인터넷에서 '인지 편향 목록'을 검색해 보자. 대부분의 인지 편향이 상식처럼 보인다는 생각이 들 것이다. 바로 그것이 핵심이다. 우리의 비논리적 행동은 인지 편향으로 설명이 된다.

13

추측은 버리고
팩트에만 주목하라

나는 추측을 싫어한다. 그런데도 항상 상황을 추측한다. 누군가 이메일에 응답하지 않으면 상대가 관심이 없는 거라고 추측한다. 누군가 사과하면 진심이 아닐 거라고 추측한다. 머리가 아프면 병이 났다고 추측한다. 내가 비합리적이라는 사실을 안다. 추측은 사실이 아니기 때문이다.

　명확하게 생각하고 싶다면 모든 추측을 버리고 오직 사실만 살펴보자. 윌리엄 제임스는 실용주의를 다룬 한 강의에서 이렇게 말했다. "실용주의자는 사실과 구체성에 관심을 두고, 특정 사례에서 작동하는 진실을 주시하며 일반화한다."

　그러면 결정을 내리는 2가지 방식을 간략하게 알아보자.

하나는 사실에 따라 결정하는 방식, 다른 하나는 추측을 바탕으로 결정하는 방식이다.

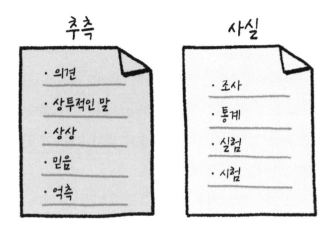

- 당신의 제품으로 문제를 해결할 수 있는가? 아니면 그렇다고 추측하는가?

- 노후 자금을 마련할 수 있는가? 아니면 그럴 수 있다고 추측하는가?

- 급여가 인상될 것인가? 아니면 사장이 급여를 인상해 줄 거라고 추측하는가?

- 판매 거래가 끝났는가? 아니면 고객이 계약할 거라고 추측하는가?

- 사람들이 당신의 기술을 좋아하는가? 아니면 그렇다고 추측하는가?

나는 되도록 추측을 피하고 싶다. 사실을 살펴본 다음 결론 내리는 것을 선호한다. 만약 사실에 의존할 수 없다면 어떻게 해야 할까? 때로 사실을 찾을 수 없거나 빠르게 결정을 내려야 할 때도 있으니 말이다.

그런 (매우 드문) 경우에는 직감을 선호하는 편이다. 무엇을 하든 다른 사람이 내놓은 어설픈 의견이나 억측에 생각을 허비하지 말자.

14

바보들을 설득하기에
인생은 짧다

앞에서 사실을 살펴보는 방식을 다뤘다. 그렇다면 사실도 진실일까? 답은 '아니오'다. 혼란스럽지 않은가? 마치 인생과 같다. 예를 들어 신은 존재할까? 모르겠다. 나는 신이 존재한다는 어떠한 증거도 본 적이 없다. 그렇다면 신은 존재하지 않는다는 의미일까? 내 생각은 중요하지 않다. 만약 신이 내가 사는 방식에 영향을 미친다면 과학자들이 무슨 말은 하든지 나한테는 신이 존재한다는 것이 사실이다.

서양 철학에 지대한 영향을 미친 독일 철학자 프리드리히 니체Friedrich Nietzsche는 이런 유명한 말을 했다. "사실이란 것은 없다. 오직 해석만 있을 뿐이다." 니체는 진정 자기 인식이 뛰어난 인물이었다. 정신분석학의 창시자 지크문트 프로이트^{Sigmund Freud}는 니체에 대해 이렇게까지 말했다. "그는 이전 세대 혹은 이후 세대의 그 누구보다 자기 자신을 꿰뚫어 본 인물이었다."

니체는 특히 자신의 생각에 관해서는 매우 분석적인 사고를 하는 인물이었다. 니체가 사실이란 것은 없다고 말했을 때 그것은 인간으로서 우리는 궁극적으로 현실에 대한 우리의 해석에 의존할 수밖에 없다는 의미였다. 현실을 객관적으로 확인할 방법은 없다. 그렇다고 실제는 없고 우리 모두가 커다란 꿈속에 살고 있다는 의미는 아니다. 우리는 사실과 진실이 같은 것이 아님을 깨닫기만 하면 된다. 이 단순한 생각으로 엄청난 에너지를 아낄 수 있다. 어느 누구도 온전히 옳다거나 그르다고 할 수 없다는 의미이기 때문이다.

'진실'에 대해 다른 견해를 가진 사람을 설득하려고 애쓰지 말자. 그것은 실용적인 일이 아니다. 더 쓸모 있는 다른 일을 위해 에너지를 아끼자.

15

천천히 생각하기의
힘

나는 똑똑한 사람이 생각도 빠르다고 판단했었다. '그 사람은 순간 판단 능력이 좋아. 정말로 똑똑해.' 나도 그렇게 되려고 오랫동안 노력했다. 어떤 문제에 직면하거나 토론하거나 혹은 누군가 내게 질문할 때면 이렇게 생각했다. '빨리, 빨리, 빨리!' 당연히 나의 첫 번째 대답은 형편없었다.

개인적으로 아주 좋아하는 생각법을 가진 데릭 시버스**Derek Sivers**(세계 최대 온라인 인디 음악 유통업체 CDBaby.com의 창업자이자 뮤지션-옮긴이)는 생각을 천천히 한다고 말했다. "흔히 첫 번째 반응이 가장 솔직하다고 생각하지만, 내 생각은 다르다. 첫 번째 반응은 대체로 진부하다. 오래전에 생각했던 것을 지금 당장 생각 없이 내놓는 대답이거나 과거에 벌어졌던 일에 대해 판에 박힌 감정적 반응을 유발할 뿐이다." 나는 빠르게 대답할 때마다 전혀 생각하지 않았고 충동적이었다. 데릭 시버스는 자신의 첫 번째 생각을 믿지 않도록 스스로 훈련했다. 또한 이메일에 너무 많은 시간과 신경을 써야 할 때도 그렇게 했다. 그는 유명 인사여서 독자들로부터 수많은 이메일을 받았다. 대부분의 이메일은 '5분 만에 빠르게 대답할 수 있는' 질문들을 담고 있었다. 하지만 그의 말처럼, 만약 이런 질문들을 100개 받는다면 하루에 8시간 이상을 써야 한다. 2008년부터 2016년까지 19만 2,000통의 이메일에 답변한 뒤 그는 어떤 조치를 취해야 한다고 생각했다.

그리하여 데릭 시버스는 현대판 헨리 데이비드 소로^{Henry David Thoreau}(미국의 사상가·수필가-옮긴이)인 양 인터넷 없는 삶을 계획했다. "나는 단호해지기로 결단했다. 모든 이메일과 SNS 계정을 차단하고, 가까운 친구와 동료 몇 명을 제외하고 누구도 연락할 수 없게 만들었다. 그것이 유일한 해결책 같았다."

이게 첫 번째 생각이었다. 그는 자신의 블로그**https://sivers.** **org/slow**에 이렇게 썼다. "하지만 내가 질문에 답하지 않는다고 해도 여전히 연락은 가능하다는 사실을 깨달았다." 그가 처음 든 생각에 따라 행동하지 않아서 다행이다. 두 번째 생각이 훨씬 나았기 때문이다. 나 역시 예전에 그에게 이메일을 보낸 적이 있고, 그의 행동이 사람들의 삶에 커다란 영향을 미친다고 생각한다.

내가 하려는 말은 누군가 질문할 때 '모른다'고 답해도 괜찮다는 것이다. 자신에게 그렇게 말할 수도 있다. 나는 개인적인 문제에 즉시 답을 내놓지 못한다는 이유로 자책한 적이 많았다. 답을 내놓지 못한다고 해서 나 자신이 바보가 되는 것은 아니다. 오히려 인간적일 수 있다.

왜 우리는 사람들이 자신을 바보 같다고 생각할까 봐 두려워하는 걸까? 이 의문은 천천히 생각하기를 실행하는 완벽한 사례가 될 수 있다. '내가 증명해 보이겠어!'라며 본능을 따르는 대신 한발 물러서서 스스로 물어보자. '나는 왜 똑똑한 사람처럼 보이고 싶어 할까?' 이 문제를 진지하게 생각해 본다

가장 중요한 생각만 남기는 기술　　　**83**

면 다른 사람들이 나를 어떻게 생각하는지는 중요하지 않을
것이다.

언제나 천천히 생각하는 것이 더 좋다. 만약 사람들이 그
래서 나를 바보 같다고 생각한다면 그들이야말로 바보 같은
사람이다.

16

성급한 결정이
시간을 갉아먹는 이유

- 태국 출장을 예약해야 할까요?

- X 회사 강연 행사에 관심 있으세요?

- 주방을 고쳐야 할까요?

- 그 사람을 해고해야 한다고 생각하세요?

- 다른 영업 임원을 고용하는 건 어떨까요?

최근에 사람들이 나한테 했던 질문들이다. 나는 어려운 결정을 내려야 하는 문제를 두고 천천히, 깊이 생각하기를 좋아한다. 마찬가지로 '신속한' 결정을 내리기 전에도 시간을 두고 충분히 생각한다. 예전에는 강연이나 인터뷰, 세미나 요청에 응할 때 오래 생각하지 않았다. 앞으로의 일에 대해서 우리는 수락할 가능성이 더 크다. '그 일정은 9월로 계획되어 있는데, 이제 고작 3월이야. 지금부터 한참 있어야 한다고!' 그러고는 아무 생각 없이 5일 여정의 출장이나 가족 휴가를 약속한다. 하지만 정작 9월이 되면 회사 업무가 중요한 단계로 접어들었거나 다른 (더 중요한) 약속이 있거나 혹은 한창 다른 일에 빠져 있다. 이제 '한참' 전에 했던 빠른 수락이 갑자기 떠올라 머릿속에서 사라지지 않는다. '일정을 취소해야 할까? 내가 꼭 가야 하나? 1박 2일 정도면 되지 않을까?'

하루만 더 생각하면 쉽게 해결할 수 있는데 왜 우리는 상황을 이렇게 복잡하게 만들까? 왜 더 중요한 생각을 무시했을까? 단지 하루만 더 생각하면 그만인데 말이다.

상황을 충분히 생각해 보고, 자신이 어떤 사람인지 파악하자. 예를 들어 현재 나의 글쓰기 작업은 아주 순조롭다. 도시를 떠날 필요가 없다고 여긴다. 매일 정해진 루틴이 있고, 그 루틴이 아주 잘 맞는다. 행복한 삶을 충분히 즐기고 있다. 하지만 주말이라고 해서 너무 풀어져 있으면 전체적인 루틴이 엉망이 될 수 있다. 그러면 2주는 지나야 다시 '예전'의 내 모습으로 돌아갈 수 있다.

물론 항상 이런 마음가짐으로 지내는 것은 아니다. 지금은 이 책을 쓰는 것, 새 사무실을 얻는 것, 아파트를 사는 것 등 몇 가지 중요한 일에 집중하고 있다. 하지만 다른 때는 훨씬 유연하게 지내는데, 실제로 여행을 떠나거나 친구나 사업 파트너를 만나는 등 더 느슨한 생활방식을 선호한다.

이렇게 나 자신을 제대로 파악한다면, 성급한 결정으로 인한 쓸데없는 일을 방지할 수 있다. 전보다 더 긴 시간을 두고 결정을 내리는 이유다. 처음에 든 생각을 따르는 대신 나는 상대방에게 이렇게 말한다. "하루나 이틀 정도 생각할 시간을 주셨으면 합니다." 그것으로 충분하다.

17

멘붕의 돌파구

나는 인생에 대한 관점을 바꾸면서 하루도 빠짐없이 두뇌를 혹사하기 시작했다. 하루에 두 시간씩 책을 읽고, 알게 된 내용을 꼼꼼히 메모했다. 터득한 개념을 공유하기 위해 논문도 쓰기 시작했다. 처음에는 새로운 세상이 열린 것 같은 기분이었다. 아무리 배워도 지겹지 않았다. 매주 새 책을 사들였고, 새로운 지식이라면 모두 닥치는 대로 탐닉했다.

　하지만 몇 주 후 나는 '멘붕'에 빠졌다. 갑자기 머리가 돌아가지 않았다. 마비된 느낌이었다. 뭔가 생각할 수도, 글을 읽거나 쓸 수도 없었다. 온종일 머리가 아팠다. 그런 상황이 며칠을 넘겨 거의 일주일을 이어졌다. 기분이 좋지 않았고 그 이유를 이해할 수 없었다. 왜 그런지를 생각할 수조차 없었다. 그러다가 기분이 좀 나아지면 중단했던 부분에서 다시 일을 시작했다. 이번에는 더 오래 버텨서 두 달 정도 있다가 또 다른 난관에 부딪쳤다. 하지만 상황이 또 달랐다. 무슨 일을 해봐도 발전한다거나 새로운 것을 배운다는 기분이 들지 않았다. 그렇지만 나는 계속해서 어려움을 헤쳐나갔다. 이런 상황이 몇 번 더 반복되고 나서야 나는 마침내 무슨 일이 벌어지고 있는지 이해했다.

정신 훈련은 단계적으로 이루어지고, 학습능력 발달 역시 다음 단계로 넘어가기 전에 하나의 벽을 통과해야 한다. 나는 학습능력과 자기계발 모두 단계적으로 이루어진다고 생각한다.

새로운 단계의 초반에는 모든 것이 새롭기 때문에 배우는 일이 쉽다. 하지만 그 단계의 마지막에 가까워질수록 상황이 한층 힘들어진다. 내 경우에는 머리가 아팠다. 하지만 결코 한계에 이르지는 않았다. 잠시 물러났다가 다시 돌아왔기 때문이다.

어느 순간 우리는 커다란 벽에 부딪친다. 바로 '멘붕'이다.

책을 쓰거나 사업을 시작하거나 직업을 바꾸거나 단체를 이끄는 등 이루려고 하는 일을 포기하고 싶어지는 지점이기도 하다. 벽에 부딪치면 모든 것이 멈춘다. 갑자기 책은 쓸모없어 보이고, 사업에 실패한 것 같고, 원하는 직업을 얻는 일은 요원하게 느껴지고, 사람들은 더 이상 내 말을 진지하게 받아들이지 않는다. 모든 것이 틀어진다.

새로운 학습의 벽

나는 이런 '멘붕'을 긍정적인 순간으로 받아들이는 두뇌 훈련법을 터득했다. 벽에 도달하면 발전의 다음 단계에 가까워졌다고 생각하는 것이다. 포기하는 대신 행복한 기분이

든다. 내가 해야 할 일은 휴식을 취하고, 활력을 되찾고, 기분 전환을 하는 것뿐이다. 친구들하고 어울리거나 사무실에서 동생과 탁구를 치기도 한다. 제이지**Jay-Z**(미국의 래퍼-옮긴이), 밥 딜런**Bob Dylan**(미국의 싱어송라이터-옮긴이), 켄드릭 라마 **Kendrick Lamar**(미국의 힙합 뮤지션-옮긴이), 본 이베어**Bon Iver**(미국의 인디 밴드-옮긴이) 등 좋아하는 가수들의 음악을 듣거나 영화를 (많이) 본다. 아무 생각도 하지 않거나 아무 일도 하지 않는 동안 긴장을 풀고 두뇌 능력이 향상되도록 시간을 가질 뿐이다. 그런 다음 멈춘 곳부터 다시 시작한다. 나는 내 에너지를 써서 벽을 돌파한다. 이 방법은 항상 통한다.

18

다빈치처럼
생각하라

우리는 언어를 발명하기 전에 이미지로 생각하고 의사소통했다. 하지만 이후 수 세기 동안 주요 의사소통 수단은 말이었다. 그래서 우리는 말로도 생각한다. 생각할 때나 메모할 때도 혼잣말을 하는 셈이다.

'생각을 그림으로 표현해서 만들 것.' 내가 이번 장의 아이디어를 떠올렸을 때 메모한 내용이다. 나는 대단히 흥미로운 방법이라고 생각했다. 역사상 가장 유명한 사상가 중 한 명인 레오나르도 다빈치Leonardo da Vinci는 시각적으로 생각했다. 나는 그것을 다빈치의 노트를 보고 알았다. 인터넷에 검색해보면 누구나 그의 노트를 쉽게 찾을 수 있다.

물론 이 정도로 그림을 잘 그릴 필요는 없지만, 그래도 배울 점은 있다고 생각한다. 그림을 그리면 끊임없이 말로 표현해야 한다는 정신적 부담에서 벗어날 수 있다. 나는 1년 전부터 블로그에 올릴 이미지를 직접 그리기 시작했다. 그림실력은 향상되지 않았지만, 글쓰기 실력은 향상되었다. 그

Think Straight

이유 중 하나는 내 생각을 어떻게 시각적으로 표현할지 생각
해 보는 시간을 갖기 때문이다. 나는 독자들이 그림만 보고
도 내가 글에서 전달하려는 내용을 즉시 알아차렸으면 한다.

그래서 아이디어를 시각화하는 방법을 두고 많이 생각한
다. 그래프를 그릴 때도 있고, 문장이나 단어를 강조할 때도
있고, 간단한 만화를 만들기도 한다. 그림을 그린 다음 아이
디어가 더 명확하게 드러나도록 글을 편집할 때도 많다. 심
지어 어떤 글은 그림에서 실마리를 얻어 시작되기도 한다.
이 책 역시 그림에서 시작되었다. 5장 '오직 단 한 가지만 생
각하라'에서 사용한 바로 이 그림이다.

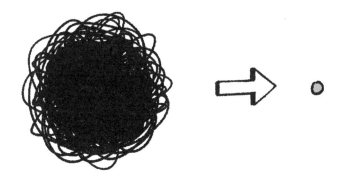

나는 이 그림을 아무 목적 없이 그냥 그렸다. 내 아이디어 일부를 시각화하고 있었던 셈이다. 그중 하나는 혼란을 이겨 낼 방법을 찾기 전까지 내 마음속이 혼란 그 자체였다는 아이디어다. 결과적으로 나는 명확하게 생각한다. 이것이 가장 중요한 변화다. 그리고 이제 이렇게 책이 되었다.

19

나에게 딱 맞는
한 가지를 찾아라

"세상이 아닌 자기 자신을 이겨내라."
– 르네 데카르트

스스로 물어봤으면 하는 질문이 있다.

- 나는 무엇을 잘하는가?

- 나는 무엇을 못하는가?

- 나는 새로운 것을 어떻게 배우는가?

- 나는 어디에 열정을 가지고 있는가?

- 나는 무엇을 싫어하는가?

다시 말해 나는 누구인가? 내 DNA는 무엇인가? 우리는 생물학적으로 거의 비슷하다. 모두 장기, 뼈, 피, 신경을 가지고 있다. 또한 누구나 다 죽는다.

그렇다면 자기 인식은 왜 중요한가? 나는 전혀 알지 못했다. 학교에 다니는 동안 누구도 자신을 아는 것과 그것이 왜 중요한지에 대해 이야기하지 않았다. 하지만 알고 보니 내가 살면서 잘못된 결정을 내렸던 이유가 바로 부족한 자기 인식 때문이었다.

- 내가 가졌던 직업들
- 내가 데이트했던 여성들
- 내가 얻으려 애쓴 것들
- 내가 내렸던 결정들
- 내가 어울렸던 사람들

내 장점, 가치관, 능력, 욕구와 어울리지 않는 결정이었다. 예를 들어 전 여자친구는 세계를 여행하며 여러 나라에서 살기를 원했지만, 나는 내키지 않았다. 가족이나 친한 친구들과 가까이 지내고 싶고, 이곳에서는 뭔가 놓치고 있다는 생각도 들지 않는다. 고향이 있다는 사실이야말로 나를 행복하게 한다. 가치관이 다른 사람과 맺는 관계는 일종의 제로섬 게임이다. 어느 한 사람은 항상 무언가를 잃을 수밖에 없다. 결국 우리는 헤어졌다.

나는 한때 불법 텔레마케팅 사무실에서 일하면서 필요도 없는 사람들에게 이상한 물건들을 팔았다. 스스로 마음이 편치 않은 일을 왜 했을까? 모르겠다. 기껏해야 돈이 필요했다고 짐작할 따름이다. 나는 다들 그렇게 일한다고 생각했다. 하지만 나는 나 자신을 알지 못했다.

지금의 나는 10년 전보다 훨씬 나 자신을 잘 알고 있다. 그리고 10년 뒤에는 지금보다 더 잘 알게 될 것이다. 자기 자신을 아는 것이 첫 번째 단계다. 두 번째 단계는 그런 자기 인식을 바탕으로 행동하는 것이다.

때로 기회가 왔을 때 아주 빨리 승낙하고 싶은 기분이 들기도 한다. 하지만 한발 물러서서 스스로에게 물어봐야 한다. '이것이 정말 내 모습인가?' 이 질문에 '그렇지 않다'고 대답하는 경우가 많다. 나는 인생에서 대부분의 것들이 나를 위한 것이 아님을 깨달았다. 직업, 기회, 나라, 사람, 모임, 생활방식, 책 등 내가 선택했던 대부분은 전혀 내게 어울리지 않았다. 중요한 것은 자신에게 맞는 '한 가지'를 찾는 일이다. 믿기 힘들겠지만, 자신에게 맞는 것은 그리 많지 않다.

20

손으로 쓰는 것도
생각이다

우리는 바쁘게 살아간다. 때로는 생각할 시간조차 없다. 생각하기가 우선순위가 아니라면 이제라도 우선순위로 삼자. 그렇지 않으면 몇 년 전과 다를 바 없는 처지가 될 것이다. 2012년부터 2015년까지 나는 아무것도 반성하지 않았다. 그 결과, 갑자기 어찌해야 할지를 모르겠고 어떻게 살아야 할지 막막했다.

나는 진정한 내적 위기를 겪었다. 무엇을 해야 할지 몰라서 책을 더 많이 읽기 시작했다. 그러면서 여러 똑똑하고 행복한 사람들이 대개 일기를 썼고, 삶을 더 많이 돌아보고 반성했다는 사실을 알게 되었다. 구체적으로 그들은 자신이 배운 내용이나 저지른 실수, 달성한 목표를 되돌아봤다.

매일 일기를 쓰기 시작하면서 나는 자서전 집필도 시작했다. 출판의 목적이 아니라 반성과 학습을 위한 것이다. 무슨 내용을 써야 할지 모르겠다면 자기 인생 이야기를 써보자. 단락이 이어질 때마다 분명 자신에 대해 더 많이 알게 될 것이다.

나는 일기를 쓰고 일주일에 한 번씩 반드시 그 내용을 읽는다. 이것이 바로 내가 말하는 반성하기이다. 그렇게 하는 데는 3가지 이유가 있다.

1. 실수를 찾아내서 앞으로 그런 실수를 피하는 데 도움이 된다.
2. 지난 성과를 돌이켜보면 현재 진행 사항을 평가하는 데 도움이 된다.
3. 생각을 정리해서 뒤늦게나마 비판적으로 사고하면 이후 더 나은 결정을 내리는 데 도움이 된다.

간단히 말해 내가 일기를 쓰고 반성하는 이유는 쓸모가 있기 때문이다.

21

돈은 윈씽이
될 수 없다

한 친구가 내게 자신의 직업이 싫다고 말했다. 그렇다면 왜 아무런 행동에 나서지 않느냐는 내 물음에 친구는 이렇게 답했다. "돈이 필요하니까." 나는 친구가 자신의 유일한 선택지는 그만두는 길뿐이라고 생각한다는 것을 자연스레 감지했다. 우리는 어떤 것을 너무나 중요하게 여기면 오히려 그것에 지나치게 의존하게 된다. 인생을 돈에 매달려 살지 않는 간단한 해결책이 있다. 나는 5가지 규칙을 준수한다.

내가 지난 3년 동안 지켜온 규칙이다. 그리고 돈에 대해 단 한 번도 생각하지 않았다… 실은 사실이 아니다. 나는 여전히 돈에 대해 생각한다. 누구나 그렇다. 하지만 '통장에 돈이 충분히 있어'라고 생각하는 순간, 돈에 대한 생각을 멈춘다. 무슨 일이 벌어지더라도 6개월 정도 버틸 돈이 있으면 그 안에 해결을 볼 테니 말이다.

단, 조건이 하나 있다. 자신의 능력에 투자하는 것이다. 언제든지 일자리를 구하거나 돈을 벌 수 있을 것이라는 생각은 너무 순진하다. 노력이 필요하다. 언제부터 이런 당연한 사

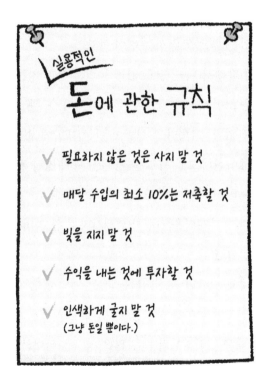

실용적인

돈에 관한 **규칙**

✓ 필요하지 않은 것은 사지 말 것

✓ 매달 수입의 최소 10%는 저축할 것

✓ 빚을 지지 말 것

✓ 수익을 내는 것에 투자할 것

✓ 인색하게 굴지 말 것
(그냥 돈일 뿐이다.)

실이 놀라운 일이 되었을까?

나는 돈을 쓰는 대신 확실하게 투자하려고 할 뿐이다. 주식이나 부동산에만 돈을 투자하는 것이 아니다. 나는 거금을 주고 새 노트북을 사는 것에 전혀 개의치 않는다. 노트북은 일할 때 사용하는 도구이고, 그렇게 일을 해야 돈을 벌기 때문이다. 또한 중요한 물건을 구입할 때 절대 인색하게 굴지 않는다. 1년밖에 입지 못하는 저렴한 옷을 사느니 몇 년 동안 입을 수 있는 좋은 옷을 사는 편이 낫다.

간단히 말해서 나는 필요 없는 물건은 사지 않는다. 해마다 새로운 스마트폰이 필요한 것은 아니다. 또한 고가의 신발도 필요 없다. 그렇다고 신발이 한 켤레밖에 없다는 말은 아니다. 좋아한다고 해서 모든 물건을 사지 않을 뿐이다. 물건을 너무 많이 사면 쌓아둘 공간도 줄어들므로 실용적이지 않다. 게다가 자제력을 키우기 위해서라도 참고 버티는 훈련을 하는 것이 좋다.

돈은 대체 가능한 자원이라는 것을 기억하자. 돈이란 나갈 때가 있으면 들어올 때도 있는 법이다. 시간은 그렇지 않다. 돈에 대해 생각하느라 너무 많은 시간을 허비하지 말자.

22

생각이 지나치면
오답을 선택한다

언뜻 보면 이해가 되지 않지만, 너무 골똘히 생각하다 보면 오히려 나쁜 결론이 나오는 경우가 많다. 모든 것에 적극적으로 생각할 수 없기 때문이다. 샤워를 하던 중 좋은 생각이 났던 경험이 다들 있을 것이다. 적극적으로 생각하고 있지 않았기 때문이다.

주의를 딴 데로 돌리고 생각을 잠시 멈추는 것이 좋다. 이것은 마음을 다스리는 방법의 일환이기도 하다. 우리는 생각의 끈을 놓고 싶을 때를 정할 수 있다. 힘든 하루를 보낸 뒤 소파에 누워 온몸의 긴장을 푸는 것과 마찬가지로 생각을 내려놓을 수 있다.

다양한 방식으로 생각을 멈출 수 있다. 요가 수업을 듣는 것이 좋은 사람이 있는가 하면 매일 명상하는 쪽이 좋은 사람도 있다. 수단은 중요하지 않다. 나는 긴장을 푸는 방법이 많다는 사실을 깨달았다. 중요한 것은 단 한 가지뿐이다. 긴장을 푸는 데 자기 자신 외에는 아무것도 필요하지 않다는 것이다.

요가, 운동, 명상, 음악, 인센스 스틱 등 필요하다고 생각이 드는 것은 사실 필요가 없다. 모든 것을 놔두자. 외부 세계에서 벗어나 자기 내면으로 들어가 평화를 찾을 수 있다. 지금 당장 그렇게 할 수 없다면 훈련하자. 자기 생각을 인식하고, 자세히 들여다보고, 내려놓자. 이 전체 과정은 언제 어디서나 연습할 수 있다.

색다른 풍경이나 수업이 필요하지 않다. 마음 편히 긴장을 풀자. 스스로 생각하기에 필요한 만큼 자주 연습해 보자. 생각하지 않는 순간이 적극적으로 생각하는 순간만큼 중요하다는 사실을 알게 될 것이다.

23

틀에 박힌 생각에서
벗어나는 법

나는 뻔한 사고방식을 싫어한다. 유별나고 싶어서가 아니라 상투적으로 생각하면 틀에 박힌 결과가 나오기 때문이다. 나는 그런 것이 싫을 따름이다. 그리고 상투적인 결과를 좋아하는 사람이라면 이 책을 읽고 있지도 않을 것이다.

결정을 내리는 과정을 잠시 생각해 보자. 가장 뻔한 방법은 찬성하는 이유와 반대하는 이유를 목록으로 만드는 것이다. 이 방법을 처음 기록으로 남긴 사람은 미국 건국의 아버지 벤저민 프랭클린Benjamin Franklin이다. 그는 1772년 친구 조지프 프리스틀리Joseph Priestley(영국의 신학자·화학자─옮긴이)에게 보낸 편지에서 이 방법에 대해 썼다. 그리고 오늘날 우리는 항상 이 같은 찬반 목록을 만든다. 다음과 같은 문제의 찬반 이유를 생각할 때도 그렇다.

- 직장을 그만두는 것
- 남자친구와 헤어지는 것
- 입사 제안을 받아들이는 것
- 새 차를 구입하는 것
- 사업을 시작하는 것

종이 한 장을 가져다가 가운데 선을 긋고 왼쪽에는 찬성하는 이유를, 오른쪽에는 반대하는 이유를 하나씩 적는다. 이 방법의 단순함이 마음에 들지만, 첫 번째 연애에서 힘든 시기를 겪을 때 한 친구가 나에게 이 목록을 적어보라고 권했던 일이 있고 나서는 더 이상 이 방법을 사용하지 않는다.

사실 나는 당시 여자친구와 헤어지는 문제의 찬반 목록을 만들었다. 지금 보면 부끄러울 따름이다. 심지어 말도 안 되는 일이었다. 왜냐하면 다른 모든 핑계보다 더 중요한 원인은 언제나 따로 있기 때문이다. 게다가 연애의 찬반 목록은 거의 비슷하기 마련이다.

- 연애를 지속하는 것을 찬성하는 이유: 모든 것을 공유할 수 있는 사람이 생김, 섹스할 수 있음, 휴가를 같이 갈 수 있음 등
- 연애를 지속하는 것을 반대하는 이유: 나를 위한 시간이 줄어듦, 싸우게 됨, 상대방의 가족과 어울려야 함 등

이처럼 언제나 비슷하다. 그리고 쓸모가 없다. 마음에 들지 않는 직장을 그만두는 것도 마찬가지다. 찬성하는 이유는 싫어하는 일에서 자유로워지는 것이고, 반대하는 이유는 불확실성이 많다는 것이다.

이제 이런 상투적인 사고방식에서 벗어나야 한다. 이분법적으로 생각하지 말고 다각적으로 생각해 보자. 인생은 이것 아니면 저것이 아니다. 이것일 수도 있고 저것일 수도 있다. 나는 늘 사업을 접거나 직장을 구해야 한다고 생각했다. 또한 내 친구들 대부분도 사업을 시작하려면 직장을 그만둬야 한다고 생각한다. 누가 그러라고 한 적 있는가?

몇 년 전 사업이 지지부진했을 때 나는 대형 IT 리서치 회

사에 취직했다. 나는 2가지 일을 다 했다. 저녁과 주말(때로는 낮에도)에는 사업을 돌보고, 나머지 시간에는 회사 일을 했다. 직장을 다니면서도 사업을 시작할 수 있다. 내가 말하는 고정관념에서 벗어나라는 의미가 바로 이런 뜻이다.

우리는 매번 편협하고 틀에 박힌 사고방식에 스스로를 가둔다. 항상 상자 안에 머물려고 한다. 더 큰 그림을 보기 위해 한 걸음 뒤로 물러서는 일이 절대 없다. 다음 그림을 살펴보자.

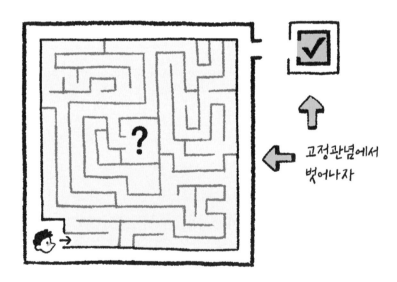

고정관념에서
벗어나자

만약 미로 어딘가에 서 있다면 아마도 가운데를 향해 걸어가기 시작할 것이다. 미로에 빠졌을 때는 당연히 그렇게 해야 한다. 하지만 이 미로는 다르다. 보상은 미로 가운데에 있는 것이 아니라 밖에 있다. 미로 위에서 전체를 봐야만 목표물을 확인할 수 있다. 미로 안에서 목표물을 보는 것은 불가능하다. 그런데도 대다수 사람들은 그렇게 산다. 이제껏 살아온 방식이 그랬기 때문에 지금도, 앞으로도 그렇게 하는 것이다.

더 이상 기존 방식대로 하지 않을 때 비로소 자기만의 방식으로 시작할 수 있다.

24

빈약한 확신으로
베팅하지 말 것

나는 이메일을 보낼 때 바보 같다. 받는 사람을 선택할 때 특히 그렇다. 항상 이름 첫 글자만 입력하고 곧장 엔터키를 누른다. 컴퓨터를 신뢰하기 때문에 선택된 이메일 주소가 실제 내가 이메일을 보내려는 사람인지 절대 확인하지 않는다. 사실 게을러서 그렇다. 다행히도 문제가 되기보다는 사람들로부터 재미있는 답변을 받는 일이 많다.

하지만 한번은 이런 단순한 실수로 사업상 엄청난 금전적 손해가 발생했다. 나는 컨설팅 다년 계약을 맺고 두 회사와 일하고 있었다. 두 회사의 담당자 이름이 서로 같았는데, 편의상 A와 B라고 하자. A는 기존 고객이었고, B는 잠재 고객이었다. 두 사람 모두 동일한 유형의 컨설팅을 원했다. A는 오랜 고객이었으므로 나는 더 낮은 컨설팅 수수료를 제시했다. 그런데 그 계약서를 A가 아니라 B에게 보내고 말았다.

이번에는 순진한 실수가 아니었다. B는 이미 더 높은 수수료가 적힌 내 제안서를 봤던 터라 A에게 더 낮은 수수료를 제시했다는 사실을 알고 화를 냈다. "그 사람만 수수료가 낮은 이유가 뭡니까? 일을 이런 식으로 합니까?" 결국 B는 우리와 일하지 않기로 했다. 나는 3가지를 배웠다.

1. 항상 재확인할 것

2. 사소한 일이 커질 수 있음

3. 괜한 호의를 베풀지 말 것

왜 자꾸 실수를 저지르는지 혹은 왜 이메일을 보낼 때 대충 넘어가는지 물어봤자 소용이 없다. 나는 그런 사람일 뿐이고, 내가 잘못한 일이다. 내 실수를 정당화할 방법은 없다. 중요한 디테일을 놓치고는 '상관없어'라고 말하지 말자. 매일 낮에 잠깐 눈을 붙이거나 책이나 보고서, 영화의 디테일을 무시하는 것은 별일 아닐 수 있다.

문제는 완벽을 추구하지 않는 태도가 습관이 될 수 있다는 점이다. 완벽주의자가 될까 봐 걱정하지 말자. 그런 문제는 없다. 사람들은 그 반대일 경우가 더 많다. 완벽주의는 핑계일 뿐이다. 사실 우리는 사람들이 우리 일을 어떻게 생각할지 두려워하는 것이다.

어느 쪽이든 어려운 고비나 도전 혹은 실수에 직면했을 때 그렇게 된 '이유'를 물어봐야 소용없다. 대신 나를 방해하고 있는 상황을 극복하거나 예방하기 위해 무엇을 할 수 있는지 생각해 보자.

25

악마는 디테일에 있다

나는 작은 디테일을 간과했고, 엄청난 대가를 치렀다. 하지만 내가 얻을 수 있는 사업 성과보다 스스로 터득한 교훈이 훨씬 가치가 있었다. 디테일이야말로 사업, 일, 스포츠, 예술, 인생 전반에 있어 가장 중요한 지점이다. '악마는 디테일에 있다The devil is in the detail.' 진부하지만 내가 가장 좋아하는 말이다. 하지만 예전에는 결코 이 조언을 따르지 않았다. 가장 큰 이유는 조바심 때문이었다. 나는 이메일 보내기, 전화 걸기, 보고서 쓰기, 과제 하기, 에세이 쓰기 등 항상 모든 일을 서둘러 하려고 애썼다. 일을 끝내는 것이 중요하다고 생각했다. 하지만 내 생각은 틀렸다. 흔히 일이란 것이 겉으로

는 쉬워 보이는 경우가 많기 때문이다. 특히 시작하기 전까지는 말이다.

이 책을 쓰는 데 15개월이 걸렸다. 주제 관련 내용을 조사하느라 긴 시간을 쏟았다. 또한 원고를 쓰고 교정하고 내용을 줄였다가 보충하고 다시 편집하는 데도 시간이 들었다. 그러고 나서 이런 과정이 반복되었다. 책 제목도 세 차례 바꿨고, 부제는 그보다 훨씬 더 많이 바꿨다.

처음 생각한 제목은《실용성의 예술The Art of Practicality》이었다. 익숙한 느낌이 들어서 아주 마음에 들었다. 하지만 생각하기에 관한 책을 쓰기 시작하면서 책에 소개한 방법들을 내 책에도 적용해 봤다. "이 '예술'이라는 말이 무슨 뜻이지?" 적당한 답이 생각나지 않았다. 나는 책 제목을 바꿀 필요가 있다는 신호로 받아들였다.

어처구니없어 보이겠지만, 두 번째 제목은 《실용적 사고의 힘 The Power of Pragmatic Thinking》이었다. 마치 이 분야의 천재인 양, 나는 개성 없는(심지어 이전 제목보다 길기까지 한) 제목을 또 하나 생각해 낸 것이다. 'The Power of'라는 제목이 붙은 책이 몇 권 정도 있을까? 도서 리뷰 사이트 '굿리즈 Goodreads'에 'The Power of'가 들어간 책 제목을 잽싸게 검색해 보니 8만 3,895건의 결과가 나왔다. 제목이나 부제에 이런 단어가 들어간 책은 정말 많다. 책을 쓰면서 터득한 비법 중 하나는 어떻게든 눈에 띄어야 한다는 점이다. 생각하기에 관한 더 좋은 책에는 아무도 관심이 없다. 오히려 뭔가 색다른 것을 기대했기 때문에 이 책을 골랐을 가능성이 크다. 하지만 내가 이전에 붙였던 임시 제목들을 보면 아무도 색다르게 생각하지 않았을 것이다.

나는 《THINK STRAIGHT》라는 제목으로 책을 출간하기 2주 전부터 개인 블로그와 SNS에서 홍보에 들어갔다. 순식간에 독자들이 열띤 반응을 보였다. 곧이어 다음과 같은 이메일이 쏟아져 들어왔다.

- **책이 너무 궁금합니다! 멋져요.**
- **선생님 신간, 정말 기대됩니다!**
- **대단하세요! 나오기를 손꼽아 기다립니다.**

나는 독자들을 무척 좋아한다. 어울리는 제목을 짓는 데 많은 시간을 쏟은 이유이다. 홍보에 들어간 시점에서 이 책을 읽은 사람은 전혀 없었다. 하지만 책 제목을 보고 독자들은 이미 기대에 차 있었다. 그것이 내 목표였다. 책이 나오기도 전에 이메일을 보낸 모든 사람이 기대를 품게 하는 것.

디테일에 대해 생각한다고 해서 특별한 것이 아니다. 자신의 일을 하는 것에 지나지 않는다. 작가가 할 일은 가능한 최고의 책을 쓰는 것이고, 디자이너의 할 일은 가능한 최고의 디자인을 만드는 것이다. 책 한 권을 쓰고 그만두거나 한 가지 제품을 디자인하고 은퇴하려고 여기까지 온 것이 아니라면 말이다. 정신적으로나 경제적으로 성장하고 싶다면 항상 디테일을 다시 생각해야 한다.

일을 제대로 하고 싶다면 절대 디테일을 과소평가하거나 간과하지 말자. 그렇게 하지 않을 거라면 아예 시작하지 않는 편이 좋다.

26

성공은 철저한
실천에서 시작된다

나는 생각만 하고 행동은 하지 않는 사람이 되고 싶지 않다. 사실 내가 생각을 하는 이유는 인생에서 더 많은 것을 해보고 싶기 때문이다. 인생에서 더 많은 것을 얻어 만족감을 느끼고 싶다. 그래서 평상시에는 생각하는 것을 좋아하지 않는다. 역설적으로 들릴 것이다. '언제는 생각을 더 잘해야 한다고 말하더니 이제는 생각을 덜 해야 한다고 말하네.'

　내가 말하는 것이 바로 그것이다. 생각의 수준을 끌어올려서 행동의 수준도 향상시키자. 그리고 생각과 행동 사이에 항상 불균형을 유지하자.

행동하기 > 생각하기

행동을 더 많이 하는 가장 확실한 방법은 습관에 의존하는 것이다. 운동을 예로 들어보지. 나는 평생 건강을 유지하는 일에 어려움을 겪었다. 게다가 오래도록 과체중이었다. 운동과 다이어트를 두고 늘 나 자신과 눈치게임을 벌였다.

- 달리기를 하러 갈까 아니면 헬스장에 갈까?
- 이 감자칩 한 봉지만 먹고 내일부터 운동하러 가야지.
- 무슨 요일에 운동하지? 월수금? 아니면 화목?

너무나도 쓸데없는 생각이다. 대신 나는 몇 가지 기본 규칙을 만들었다.

- 하루에 30분 이상 운동할 것(매일)
- 무리하지 말 것(전력을 다하지 말 것)
- 건강한 식단을 실시할 것(정크푸드 금지)
- 칼로리 섭취량이 소비량을 넘지 않게 할 것

• 먹은 음식과 운동량을 기록할 것

  몇 가지 규칙을 조합하면 시스템이 구축된다. 시스템은 생각하기와 행동하기의 등식에서 생각하기 부분을 빼는 데 도움이 된다. 생각하기가 필요한 때는 시스템을 거쳤는데도 기대한 결과가 나오지 않은 경우뿐이다. 시스템 때문에 기분이 나빠지거나 체중이 늘어나면 이를 다시 생각해 볼 것이다. 그리고 그대로 움직인다고 해도 결코 완벽한 것은 아니다. 이런 이유로 나는 무엇을 바꿀 수 있는지 혹은 어떻게 시스템을 개선할 수 있는지 자주 생각한다.

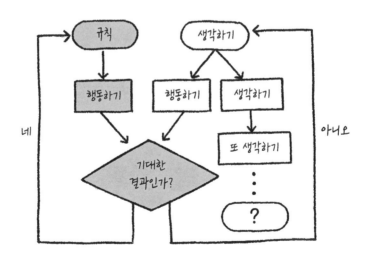

27

하고 나서
후회하는 편이 낫다

자라는 동안 내 곁에는 항상 할머니가 계셨다. 할머니는 아주 인정 넘치는 분이셨다. 어쩌면 평생 희생하셨기 때문에 인정 넘치는 분이셨다고 말하는지도 모르겠다. 할머니는 부모, 형제자매, 남편, 나중에는 자식들을 위해 끝없이 희생하셨다. 이것도 삶의 일부다. 양보 없이는 끈끈한 가족을 이루어 함께 살 수 없다. 하지만 할머니가 치른 가장 큰 희생은 인생의 말년을 고국인 이란이 아닌 네덜란드에서 보내신 것이다. 내가 기억하기로 할머니는 늘 과거 이야기를 하셨다. 특히 말년에 몇 년은 거의 매일 회한의 눈물을 흘리셨다.

다행히도 부모님과 우리 형제는 할머니를 자주 찾아뵙고

기운을 북돋아 드렸다. 하지만 웃음 속에는 항상 슬픔이 서려 있었다. 나는 할머니로부터 많은 교훈을 얻었다. 주로 인정을 베푸는 것과 확고한 가족관을 갖는 것의 중요성에 대한 교훈이었다. 하지만 내가 배운 가장 중요한 가르침은 우리는 인생에서 했던 일을 후회하는 것이 아니라 하지 않았던 일을 후회한다는 것이다. 2015년 1월 할머니가 돌아가셨을 때 나는 무슨 일이 있어도 이 교훈에 따라 살아가기로 결심했다. 예를 들어 당시 나는 항상 세계 여행을 하고 다른 도시에서 살고 싶다는 생각을 했다. 참신한 목표가 아니라는 것도 알고, 평소에 자유와 탐험의 가치를 중시하는 여러 사람들과도 이야기하고 있는데 말이다. 왜 그런 걸까? 주로 대중문화에서 비롯된 것 같다. 많은 사람들이 잭 케루악**Jack Kerouac**(1950년대 미국 비트 세대의 대표 작가—옮긴이)이나 어니스트 헤밍웨이**Ernest Hemingway** 같은 인물을 우상으로 삼는데, 이 인물들이 여행을 자주 다니기로 유명했기 때문이다.

이제 젊은 사람들은 전 세계를 여행하며 이를 인스타그램 피드에 공유하는 SNS 인플루언서에게 영감을 받는다. 수단은 바뀌었을지 몰라도 세계를 여행하며 자신의 경험을 다른 사람과 공유하고 싶은 욕구는 변하지 않았다. 하지만 이런 삶의 방식이 모두에게 어울리는 것은 아니다.

실제로 나는 여행을 시작하기 전까지 이런 사실을 알지 못했다. 그렇다면 어떻게 내가 여행을 그다지 좋아하지 않는다는 사실을 깨달았을까? 인생에서 어떤 일은 반드시 경험해야 그 실체를 알 수 있는 법이다. 사업을 시작하지 않으면 사업가가 되는 것이 어떤 기분인지 정확하게 알 수 없다. 온갖 비즈니스 서적을 읽고 기업가 정신에 관한 다양한 영상을 원하는 만큼 볼 수 있지만, 그렇다고 사업가가 되는 것은 결코 아니다. 다른 누군가의 삶을 살게 되는 것뿐이다.

돈은 많이 벌지만 비참한 기분이 드는 일을 선택하느니 넉넉하게 살지는 못해도 내가 좋아하는 일을 하겠다. 결국은 내 인생이고, 자존심을 유지하는 방법은 자신의 가장 강력한 욕구를 따르는 길밖에 없다. 똑바로 생각하자. 결국 행동은 생각을 따르기 마련이다.

28

유일한 역전의 기회는
결국 현재에 있다

나는 인생을 거의 되돌아보지 않는다. 과거에 대한 공상에 빠지지도 않는다. 온종일 옛날 사진을 들여다보는 일도 없다. 심지어 현재를 너무 열심히 사는 나머지 사진 찍을 생각조차 하지 않는다. 가끔은 많은 사람들이 과거에 갇혀 있는 것 같은 느낌이 든다. 삶을 과거형으로 사는 것이다. 순간을 즐기지 않고 휴대폰으로 그 순간의 사진을 찍는다. 나는 렌즈 속의 삶을 살기보다는 현재형으로 사는 쪽을 선호한다. 이제야 솔직히 고백하자면 나는 100퍼센트 현재형으로 살지 못했다.

그렇지만 지금은 현재형으로 살려고 한다. 과거로 돌아가고 싶은 마음이 들지 않으니 성공적이라고 생각한다. 나는 현재를 즐기느라 너무 바쁘다. 그렇다고 허구한 날 가족사진을 찍는다는 말은 아니다. 다시는 보지 않을 수백만 장의 사진을 찍으러 돌아다니지 않을 뿐이다. 생각해 보자. 모든 추억을 들여다볼 시간이 언제 있는가? 가지고 있는 사진이나 영상이 어느 정도 되는가? 오래된 서류, 졸업장, 기념품 등 과거를 떠올리게 하는 물건을 얼마나 보관하고 있는가?

과거의 끈을 놓기가 어렵다면 더 쉬운 방법을 알려주겠다. 다음 행동은 절대 하지 말아야 한다.

- 서랍 속에 오래도록 보관해 둔 첫 스마트폰을 켜보는 것
- 친구들과 떠난 주말여행 영상을 편집하는 것
- 오래된 학교 신문, 일기, 성적표 등을 살펴보는 것
- 보관하던 예전 옷을 다시 꺼내 입는 것
- 첫 데이트를 떠올리게 하는 물건으로 무언가 하는 것

과거에 너무 집착하면 현재를 사는 데 방해가 된다. 내가 생각할 때, 돌아보는 행동의 유익한 목적은 배울 수 있

다는 것뿐이다. 우리는 과거를 살펴보면서 많은 교훈을 얻을 수 있다. 그런 이유로 나는 일기를 쓴다. 가끔은 일부러 이전 일기를 읽는데, 당시의 내 사고 과정을 이해하기 위해서다. 특히 일이 내 뜻대로 풀리지 않을 때 돌이켜보며 그 이유를 파악하려고 애쓴다. 예를 들어 2년 동안 꾸준히 블로그 활동을 한 결과로 2017년에 뉴스레터의 구독자 수가 2만 2,000명이 넘었을 때, 나는 유료 멤버십 사이트를 운영하기로 결정했다. 멤버십 사이트를 시작하기 전 나는 고민에 고민을 더했다. '매달 5달러씩 후원하는 회원이 1,000명이면 글쓰기로 먹고살면서 다른 사람들을 교육하고 도울 수 있어. 유료 회원은 회원 전용 콘텐츠를 받을 것이고. 충분한 값어치가 있는 제안이야.' 당시 내 사고 과정은 그랬다. 숫자 1,000을 생각했던 이유는 케빈 켈리Kevin Kelly(세계적인 과학 기술 문화 전문 잡지 〈와이어드WIRED〉의 공동 창간자이자 기술 문화 칼럼니스트-옮긴이)의 유명한 에세이《1,000명의 진정한 팬 1,000 True Fans》때문이었다. 동시에 나는 다른 블로거들이 멤버십 사이트를 어떻게 시작했는지도 살펴봤다.

이론상으로 모든 것이 좋아 보였다. 이전에 수백 개의 온라인 강좌를 판매했었기 때문에 사람들이 내 실력을 높이 평가한다고 생각했다. 하지만 상황은 내 예상대로 흘러가지 않았다. 한 달이 지났을 때 가입자는 78명밖에 되지 않았다. 6주 뒤 나는 멤버십 사이트를 닫았다. 많은 친구, 동료, 심지어 유료 회원들조차 내가 너무 서둘러 사이트를 중단했다고 말했다. 아마도 그랬을지 모르겠다. 하지만 나는 상황이 어려울 때 쉽게 그만두는 유형이 아니다. 나는 두 개의 학위를 받는 5~6년 동안 학업을 중단하는 것에 대해 수없이 생각했었다. 또한 생계를 유지하는 것이 너무 힘든 나머지 가족이 운영하는 사업체를 그만두겠다는 생각도 여러 차례 했다. 하지만 멤버십 사이트 상황은 절대 바뀌지 않을 터였다. 오히려 나는 명확하게 생각했기 때문에 멤버십 사이트를 중단했다. '이래서는 유료 회원 1,000명을 모으는 데 12개월이 넘게 걸리겠어. 게다가 첫 달에 6명이 가입을 취소했고.'

가입 취소를 감안하면 시간은 훨씬 더 오래 걸릴 것이 분명했다. 또한 그 6주 동안 나는 유료 회원들에게 회원 전용 콘텐츠를 제공해야 한다는 의무감에 시달렸다. 유료 회원이 멤버십 가입으로 얻는 것이 있으면 했다. 그런 부담감 때문에 가족이 운영하는 사업체나 코칭 수업을 키우는 데 쓰는 시간을 많이 빼앗겼다. 결국 멤버십 사이트는 나에게 적합한 전략이 아니었다. 나는 유료 회원 1,000명 목표에 78명 가입 같은 단순한 계산을 하는 대신 그 밖의 문제들을 생각했다. '어떻게 하면 멤버십을 유지하게 할 수 있을까? 멤버십 사이트 일에는 어느 정도 비중을 두어야 할까? 목표를 이룰 다른 방법은 뭐가 있을까? 사람들을 도울 방법은 다른 것도 많아.'

내가 생계를 유지할 수 있는 다른 방법도 많았다. 그런 이유로 나는 불과 6주 만에 멤버십 사이트를 닫기로 결정했다. 일이 잘 풀리지 않는다고 해서 세상이 끝나는 것은 아니다. 결정을 내리자. 그 결정을 고수하면서 계속 나아가자. 그리고 배울 점 있을 때만 과거를 되돌아보자.

멤버십 사이트 일을 되돌아보건대, 나는 많은 시간을 허비하는 것을 쉽사리 막을 수도 있었다. 멤버십 사이트를 개설하고 콘텐츠를 제작하고 원고를 작성하는 등의 작업에만 3개월 정도 걸렸다. 시작 전부터 나는 멤버십 사이트를 운영하는 일에 시간이 걸릴 것으로 생각했다. 앞에서 다룬 '악마는 디테일에 있다'의 내용을 떠올려보자. '어떤 일을 하고 싶다면 제대로 하거나 아예 하지 않는 편이 좋다.' 나의 경우에는 아무것도 하지 말았어야 했다. 왜냐하면 가족이 운영하는 사업체 일을 돌보고, 기사나 책을 쓰고, 강좌를 만들고, 컨설팅 업무를 하는 데 이미 너무 많은 시간을 쓰고 있기 때문이다. 돌이켜보면 나라는 사람은 인생의 모든 면에서 대형 프로젝트는 딱 한 가지만 감당할 수 있음을 알게 되었다. 가장 중요한 일에 집중해야 한다.

그러니 뒤돌아보더라도 너무 오래 쳐다보지 말자. 인생은 현재형이다.

29

인생 낭비를 줄이는
초효율 사고법

시간은 한정돼 있다. 우리 모두 언젠가 이 사실을 알게 된다. 그때부터 우리는 시간을 보내는 방식에 대해 더 의식하기 시작한다. 생각하기는 양날의 검과 같다. 도움이 될 수 있지만 해를 끼칠 수도 있다. 그 결과는 생각을 어떻게 활용하는지에 달려 있다. 우리의 마음은 도구 그 이상도 이하도 아니다. 앞서 내가 두뇌를 더 효과적으로 사용하는 법을 어떻게 터득했는지 밝혔다. 생각을 다르게 해야 할 때도 있고, 생각을 완전히 멈춰야 할 때도 있다. 언제 어떤 방법을 쓸 것인지는 각자 결정할 일이다. 그렇지만 무엇을 하든 생각하는 데 너무 긴 시간을 쓰지 말자. 그것은 인생을 낭비하는 일이다. 결국 행동하지 않고 생각만 하는 것은 부질없는 일이다. 물론 앞서 살펴봤듯이, 행동은 생각을 따르기 마련이다.

'효과적인 생각이란 곧 효과적인 행동이다.'

이 말의 의미를 분명히 밝히고자 다음과 같이 내가 생각하는 효과적인 생각의 목록을 만들었다.

- 삶을 더 나은 방향으로 만드는 것
- 경력과 일을 발전시키는 것
- 미래를 구체적으로 보여주는 것
- 새로운 아이디어를 떠올리는 것
- 문제를 해결하는 것
- 배우자, 가족, 친구 등과 함께 할 수 있는 재미있는 일을 생각해 내는 것

사실 그렇게 복잡한 일이 아니다. 하지만 이런 사고방식을 고수하기란 노력이 필요하다. 고작 이 책 한 권을 읽고서

실용적으로 생각하는 사람이 되리라 기대하지 말자. 다른 기술과 마찬가지로 생각을 잘하려면 매일 연습해야 한다. 나는 내 인생에서 일어나는 모든 일을 생각을 더 잘하기 위한 운동이라 보고 날마다 연습한다.

그렇지 않으면 불평하거나 자기 연민에 빠지거나 인생을 즐기지 못하는 등 쓸데없는 일에 시간을 허비하게 된다.

우리는 전부 많은 생각에 빠진 나머지 삶에서 더 많은 것을 놓친다. 이는 다른 사람들이 하는 번드르르한 일과는 아무런 상관이 없다. 우리는 삶의 아름다움이 소소한 부분에 있다는 사실을 안다. 오늘 아침 일어났을 때 햇살을 느꼈는가? 아니면 빗방울을 느꼈는가? 커피 향을 느꼈는가? 아니면 시리얼 식감을 느꼈는가?

만약 '아니오'라고 대답한다면 불필요한 생각에서 벗어나야 한다. 생각을 멈추고 주변을 느껴보자.

30

폭주하는 생각을
통제하는 치트키

이 모든 것의 최종 목표는 단 하나, 바로 내면의 평온함을 찾는 것이다. 인생에서 어떤 일을 경험하든, 무슨 일이 벌어지든, 어떤 상황에서도 마음속 평온함을 유지해야 한다.

　그것이야말로 인생의 궁극적인 목표다. 마음을 다스린다는 것은 스스로 마음을 통제한다는 뜻이다. 기억하자. 매일 연습을 해야만 그런 목표에 도달할 수 있다. 이러한 연습을 명상이라 부르기도 하고 마음챙김mindfulness이라 부르기도 한다. '내면의 평온함을 찾는 것'을 무엇이라고 부르든 지나치게 복잡하게 생각하지 말자. 마음속 평온함을 찾는 법을 배우기 위해 고가의 강좌가 필요한 것은 아니다.

자리에 앉아서 자신의 생각과 하나가 되어 생각을 자세히 살펴본 다음 무시해버리자. 명상이라고 하는 것은 이것이 전부다.

나는 걷거나 운동하거나 글을 쓰거나 기다리거나 앉거나 누워서 항상 '명상'을 한다. 평온함을 얻기 위한 시간과 에너지를 언제든지 마음속에서 찾을 수 있다. 그렇게 하는 데 필요한 것은 아무것도 없다. 그 사실을 깨닫는 것이 중요하다. 앞서 말했지만, 중요하기 때문에 다시 한 번 강조하겠다. 스스로를 통제하기 위해 요가 매트나 음악, 강사의 도움이 필요한 것은 아니다. 원하면 언제든 자신의 마음속으로 들어가 평온함을 찾을 수 있다. 휴가나 새 신발, 술도 필요 없다.

아무것도 필요 없다는 사실을 어떻게 알 수 있을까? 내 마음을 통제하는 사람도, 내 마음이 하는 일을 결정하는 사람도 나 자신이기 때문이다. 당신도 그렇게 할 수 있다.

31

쓸모 있는 일에만
집중하라

이 책에서 소개한 아이디어는 대부분 실용주의 철학에서 비롯됐다. 인터넷에 '실용주의'를 검색하면 실용주의 철학은 존스홉킨스대학교 교수였던 찰스 샌더스 퍼스에 의해 창시되었다는 것을 볼 수 있다. 하지만 이 철학 사조에 숨겨진 이야기를 더 자세히 들여다보면 1898년 찰스 샌더스 퍼스를 실용주의 철학의 창시자로 인정한 사람이 실은 초반에 소개한 윌리엄 제임스라는 것을 알 수 있다.

　퍼스는 1880년대에 존경받는 학자였지만, 19세기 말에는 나락으로 떨어졌다. 윌리엄 제임스와 퍼스는 둘 다 하버드대학교의 로런스 과학대학에 재학 중이던 1860년대에 서로를 알게 되었다. 수학과 논리학의 천재 소리를 듣던 퍼스는 존 스홉킨스대학교의 교수가 되었다. 그러나 재혼을 둘러싼 추문 때문에 1884년 교수직을 잃고 만다. 참으로 안타까운 이야기다. 1875년 아내가 퍼스를 떠났고, 퍼스는 그 직후 다른 여성과 관계를 맺었다. 하지만 여전히 법적으로는 유부남인 상태였고, 이혼은 8년 뒤에야 최종 확정되었다. 8년 동안 그는 혼인 관계가 아닌 여성과 동거한 셈이다. 퍼스의 동료인 사이먼 뉴컴Simon Newcomb(미국의 천문학자·수학자-옮긴이)은 그에게 넌지시 상황을 알린 듯 보인다. 결과적으로 퍼스는 세간에 퍼진 추문 때문에 대학에서 쫓겨났다.

안타깝게도 퍼스는 다시 학교로 돌아오지 못했고 해고된 이후 수년간 궁핍하게 살았다. 심지어 몇 년 동안 뉴욕에서 노숙자 생활을 하기도 했다.

오랜 친구 윌리엄 제임스를 제외하고 아무도 퍼스를 돕지 않았다. 윌리엄 제임스는 1870년 우울증을 극복한 뒤 일련의 연구를 시작했다. 이 연구는 100여 년이 지나서도 여전히 인용되고 있다. 그는 12년간의 집필 끝에 1890년 출간한 저서

《심리학의 원리The Principles of Psychology》 덕분에 하버드대학교의 교수가 되었고 학계의 유명 인사로 떠올랐다. 친구 퍼스와는 대조적으로 윌리엄 제임스는 수년간 경력을 쌓으며 승승장구했다.

그러다가 1898년, 느닷없이 윌리엄 제임스는 '철학적 개념과 실용적 결과'라는 강의에서 '실용주의 원칙'을 정립시킨 공로를 퍼스에게 돌렸다. 실용주의란 아이디어의 실용적 가치를 살펴봐야 한다는 사조다. 윌리엄 제임스는 과학자들이 사람들의 삶에 아무런 영향을 미치지 않는 추상적인 아이디어나 이론을 연구하는 데 시간을 허비한다고 생각했다. '만약 과학자가 지구가 어떻게 생성되었는지를 증명한다면 우리는 삶의 방식을 바꿀 것인가?'

《실용주의의 길잡이Pragmatism: A Reader》의 저자 루이스 메난드Louis Menand(미국의 비평가-옮긴이)는 실용주의의 원칙을 두고 이렇게 말한다. "우리는 결코 어떤 것에 대한 절대적인 증거를 기대할 수 없다. 우리가 내리는 모든 결정은 우주의 현재와 내일에 거는 내기에 지나지 않는다."

사람들이 실용주의를 어떻게 생각하든 한 가지 확실한 점은 윌리엄 제임스는 실용주의 철학 사조의 공로를 퍼스에게 돌림으로써 퍼스에게 호의를 베풀었다는 것이다. 바로 그 때문에 윌리엄 제임스는 위대한 인물이 되었다.

윌리엄 제임스는 자신의 업적을 인정받으려고 애쓰지 않았다. 그가 직접 나서서 실용주의를 알리지 않았다면 실용주의 철학은 존재하지 않았을 것이고 찰스 샌더스 퍼스는 잊힌 존재가 되었을 것이다.

따라서 그 행동 하나로 의미 있는 일을 했다. 친구를 도운 것이다. 퍼스는 말년에 존경받았고 논문도 몇 편 썼다. 윌리엄 제임스가 남긴 가르침 가운데 이 사례야말로 내가 얻은 가장 중요한 교훈이다.

윌리엄 제임스는 스스로 이렇게 말한 적이 있다. "인생을 가장 잘 활용하는 길은 인생보다 더 지속될 무언가에 인생을 쓰는 것이다." 현실적으로 보면 내가 죽은 후에 이어질 일을 할 이유는 없다. 어쨌든 나는 그 일을 보지 못할 테니 말이다. 하지만 그것이 중요한 게 아니다. 다른 사람에게 중요한 쓸모 있는 일을 하기 위해 노력해야 한다는 생각을 염두에 두고 하루하루 살아간다면 우리는 실제 변화를 만드는 일에 시간을 사용한 것이다. 그렇게 할 때 인생은 자연스레 모든 사람에게 의미가 있다.

32

머릿속에 안개가 낀
사람들

최근 모든 지표에서 2020년 이후 뉴스 앱 사용이 폭발적으로 증가했다는 기사를 읽었다. 뉴스 앱 이용자가 늘었을 뿐 아니라 이용 시간도 늘었다는 것이다. 기사를 읽는 순간 바로 수긍이 갔다. 각자 자기 모습을 생각해 보자. 2020년 이전보다 더 많은 뉴스를 소비하고 있지 않은가? 내 경우에는 정말 그렇다.

　하지만 단지 뉴스거리에 그칠 일이 아니다. 우리 삶이 불과 몇 년 전보다 훨씬 산만해진 느낌이다. 내가 그 사실을 알아챈 이유는 항상 내 행동뿐 아니라 다른 사람들의 행동을 관찰하고 있기 때문이다. 우리는 정신을 산만하게 만드는 것

나를 산만하고
비관적이게 만드는 요소

나의 주의력을 통제하고
낙관적이게 만드는 활동

을 더 많이 접하고 있다. 가장 큰 이유는 현재 우리에게 위협
으로 인식되는 요소들이 더 많다는 것이다. 가령 다음과 같
은 요소들이다.

- 물가 상승

- 지정학적 긴장

- 경기 후퇴

- 주식시장 약세

- 새로운 전염병의 발생 가능성

- 범죄율 증가

다들 어디에 사는지 모르겠지만, 나는 대체로 사람들의 신경이 더 곤두서 있다는 인상을 받았다. 사람들이 항상 서두르는 것 같다.

다른 사람들을 관찰해서 판단하기란 쉽다. 하지만 자기 자신을 상대로 그렇게 하기란 더 어려운 법이다. 스스로의 산만함을 눈치챘는가?

집중을 방해하는 요소에 대처하는 1단계는 바로 '상황 인식'이다. 이는 그 어느 때보다 더 중요하다. 자신의 모습을 확인하는 시간을 더 가져보자. '하루에 스마트폰을 몇 시간 사용하는가?' '주중에 시간을 보내는 방식에 만족하는가?' '어떤 좋은 습관을 포기했는가?' 지난번 확인했을 때 나는 평소보다 스마트폰 사용 시간이 늘었다는 것을 깨달았다. 불과 몇 주 사이에 거의 50퍼센트 이상 늘었다.

이 같은 사실을 알게 되면 보통 변명거리를 떠올리기 마련이다. 내 변명은 이랬다. '주가와 중요한 경제 뉴스를 확인해야 하니까.'

그것은 이유가 아니다. 사실 여행할 때가 아니라면 스마트폰을 더 많이 사용해야 할 타당한 이유는 잘 생각나지 않는다. 여행 중일 때는 정말 이동 중이기 때문에 모바일 기기를 더 많이 사용하는 것이 자연스럽다. 하지만 그 외에는 우리가 스마트폰을 사용하는 것이 아니라 스마트폰이 우리 에너지와 시간을 소모시키고 있을 뿐이다.

2단계는 시간을 효율적으로 사용하는 방법에 집중하는 것이다. 내가 시간을 어떻게 낭비하고 있는지 알게 되면 그 시간을 다른 식으로 활용하고 싶은 생각이 들 것이다. 다른 데 정신을 파는 버릇은 정말 버리기 힘들다.

금연하고 싶은 사람은 어떤 전략을 사용할까? 흡연을 대체할 수 있는 다른 활동거리를 찾는다. 담배 피우고 싶은 마음이 들 때마다 주변을 5분 정도 산책하는 식이다.

딴 데 한눈을 팔 것 같을 때마다 그보다 더 나은 활동거리가 필요하다. 예를 들어 아침에 일어나자마자 SNS를 확인한다면 대신 오디오북을 켜보자.

알맞은 대체 활동거리가 없다면 산만해지는 것을 막을 도리가 없다. 기사를 읽거나 TV 뉴스를 보는 대신 그 시간을 활용하는 더 좋은 방법이 필요하다. 이때 항상 기억할 한 가지가 있다.

뉴스 기사를 읽으면 불안하고 비관적이 되는 반면 역사에 관한 글을 읽으면 낙관적이 된다는 것이다. 뉴스는 나쁜 점에만 초점을 맞추지만, 역사는 좋은 점에 초점을 맞추기 때문이다. 우리가 낙관할 수 있는 대상은 언제든 많다. 우리는 그것을 찾으려는 노력만 하면 된다.

모든 것은 자신의 주의력을 관리하는 것부터 시작된다. 이것은 지금도 벌어지고 있는 싸움이다. 물론 점점 힘겨워지는 형세다.

하지만 바로 그런 이유에서 주의력을 계속 우선으로 신경 쓰는 것이 중요하다. 왜냐하면 오늘날의 경제 구조에서 대부분의 사람들은 더 이상 제 역할을 하지 못하고 있기 때문이다. 로봇이 되어버렸고, 주의력에 끌려다니는 노예가 되어버렸다.

그런 상황에서 벗어나자. 자신의 주의력을 통제하자.

내 인생을 즐겁게 만드는 것에 계속 집중하자.

33

당신의 삶에
동기부여를 끼얹어라

내가 가장 좋아하는 주제 중 하나인 동기부여에 관해 이야기해 보자. 동기부여가 지속되는 일은 결코 없으므로 동기부여 이야기는 질리지 않는 것 같다. 나는 1년 내내 의욕이 넘치는 사람을 본 적이 없다.

어떤 일이든 별로 하고 싶은 기분이 들지 않는 시기를 겪는 것은 지극히 정상이다. 이는 내가 절친한 친구와 자주 나누는 이야기 중 하나이다. 결혼을 2주 앞둔 이 친구는 1년 내내 매우 의욕이 넘쳤다. 그는 결혼식 날 인생 최고의 모습을 보이고 싶어 했다.

나는 친구가 이토록 한결같은 모습을 본 적이 없었다. 그는 결혼식을 위해 1년 동안 거의 매일 운동을 해왔다. 그리고 다른 면에서도 만반의 준비를 해둔 터였다.

그의 과거 운동 습관은 그렇지 않았다. 몇 개월 운동하다가 다치고 그만뒀다가 몇 개월 후에 다시 시도하는 식이었다. 정말 짜증나는 과정의 반복이었다.

이제는 중대한 목표와 최종 기한이 있어서 친구는 계속 흥분 상태였다. 하루하루 지날수록 결혼식 날에 가까워지기 때문에 단 1분도 해이해지고 싶지 않을 뿐이다. 우리 모두 그렇게 살아야 한다.

친구가 말했다. "문제는 결혼식 이후야." 목표 이야기를 하면서 내 친구의 사례를 든 이유는 행복에 있어서 실제 가장

동기부여가 없을 때 　　　　　 동기부여가 있을 때

중요한 것은 목표이기 때문이다.

  우리는 어떤 것을 얻고자 노력할 때 가장 행복하다. 이루려고 했던 것을 이뤘다고 해서 반드시 크게 달라지는 것은 아니다. 그리고 그것은 당연히 그럴 수 있다. 목표를 달성하면 변화가 생긴다고 기대해서는 안 될 뿐이다. 목표를 설정한 결과로 선택하는 생활방식에 지나지 않는다. 거기서 중요한 차이가 생기는 것이다.

  이렇게 물어보겠다. '지금의 생활방식에 만족하는가?' 만족하지 않는다면 새로운 큰 목표를 세워보자. 친구와 나는 철인3종경기를 해볼까 생각 중이다. 나는 수영을 잘하지 못하지만, 수영 영법을 제대로 배우고 싶다.

  그렇다고 목표가 반드시 육체적인 활동일 필요는 없다. 새로운 언어를 배우거나 책을 쓰거나 사업을 시작하거나 책을 더 많이 읽는 등 무엇이든 목표가 될 수 있다.

  생활방식을 전적으로 바꿔야 하는 목표를 세우자.

34

몰입하는 삶에도
플랜 B, C는 필요하다

지난 2년 동안 우리 가운데 많은 이들이 계획을 세웠지만 성공하지 못했다. 그래서 우리는 플랜 A가 늘 성공하는 것은 아니라는 생각에 익숙해지고 있는 형편이다.

계속 앞으로 나아가려면 다양한 대비책이 필요한 법이다. 대비책은 단지 하나만 있는 것이 아니다. 스스로 몇 가지 계획을 세워뒀다면 적어도 한 가지 계획은 실행하게 될 가능성이 아주 크다. 나는 플랜 B와 플랜 C를 세우는 것을 좋아한다. 인생은 변화무쌍하기 때문이다.

특정 목표를 겨냥하고 있지만 계획대로 풀리지 않는다고 해서 그만둘 필요는 없다. 계속 행동에 나서야 한다. 몇 가지

예를 들어 살펴보자.

플랜 A: 부가 수입을 올릴 만한
온라인 사업을 시작하는 것

2015년 회사를 그만뒀을 때 내 계획이 그랬다. 가족이 운영하는 사업체로 돌아가고 싶지 않았다. 그렇다고 다른 일자리도 얻고 싶지 않았다. 내 플랜 A는 온라인 사업을 시작하는 방법이었다. 블로그 활동이나 퍼스널 브랜딩(자신을 기업 또는 상품 브랜드로 생각하고 자신의 브랜드 가치를 높이는 행위-옮긴이)과는 전혀 관련 없는 일이었다. 나는 위탁판매, 제휴 마케팅, PB 상품 등 여러 사업을 검토했다.

플랜 B는 컨설팅과 코칭 사업을 시작하는 방법이었고, 플랜 C는 블로그 활동과 온라인 강좌를 시작하는 쪽이었다.

플랜 A와 플랜 B를 시도해 봤지만, 그다지 마음에 들지 않았다. 나는 흥미로운 척하지 못하는 유형이다. 만약 어떤 일을 해봤는데 별 흥미가 생기지 않으면 그 일을 이어가는 것은 상당히 힘들다.

그래서 플랜 C를 한번 해보자고 생각했다. 블로그 활동을 시작하고 책을 썼는데, 이 일은 시작하자마자 마음에 들었다. 지금도 나는 대비책의 대비책으로 시작한 일을 이어가고 있다.

이런 상황이 특이한 것은 아니다. 우리가 가진 아이디어 대부분은 그대로 진행되지 않는다. 여기까지는 괜찮다. 하지만 초기 계획이나 아이디어가 뜻대로 진행되지 않을 때를 대비해야 한다. 가장 피하고 싶은 경우는 모든 에너지를 쏟아서 목표에 집중했지만 일이 잘 풀리지 않아서 이도 저도 못하는 상황이다. 최근 사례를 하나 더 들어보겠다.

플랜 A: 새 책의 출판 계약을 맺는 것

나는 몇 권의 책을 독립 출판한 이후 지금도 그 일을 하고 있다. 하지만 금욕주의적 부의 축적에 관한 다음 책은 전통적인 경로로 출판하고 싶다. 왜냐하면 많은 사람에게 충분히 통할 만하다고 생각하기 때문이다.

- 플랜 B는 독립 출판하는 것이고, 플랜 C는 온라인 강좌로 돌리는 것이다.
- 만약 플랜 A가 통하지 않으면 플랜 B를 시작하고, 그것도 통하지 않으면 곧장 플랜 C를 가동할 생각이다.

누군가는 이런 의문이 들 것이다. '대비책은 얼마나 상세하게 세워야 하지?'

대비책의 세부 사항을 전부 다 정해놓을 필요는 없다. 하지만 플랜 B와 플랜 C에서 실행할 수도 있는 몇 가지 활동 정도는 생각해 두는 편이 좋다. 2015년에 나는 중요 항목별로 계획을 세웠다. 당시 플랜 B의 중요 항목은 다음과 같았다.

- 컨설팅을 위한 홈페이지 만들기
- 인맥이나 링크드인LinkedIn(비즈니스 전문 소셜 미디어 플랫폼-옮긴이)을 이용한 잠재 고객 찾기
- 잠재 고객에게 이메일로 연락하고 전화 약속 잡기
- 앨런 웨이스의《밀리언 달러 컨설팅Million Dollar Consulting》읽기
- 프리미엄 가격 책정하기

세부 사항을 생각하고 행동한다면 주도적인 마음가짐을 갖게 된다. 그것이 핵심이다. 자신의 인생과 일에 있어서는 항상 주도적으로 임해야 한다.

주도권을 가지면 아무리 답답한 상황이라고 해도 언제나 무언가를 해결한다. 또 반드시 위로를 얻게 된다. 주도적으로 행동하면 답답한 상황에 처했다거나 혹은 인생의 사명이나 직업이 없다는 사실을 걱정할 필요가 없다.

이 방식이 도움이 되기를 바란다. 내 인생과 경력에서 가장 중요한 전략 중 하나였고, 진정 아주 큰 쓸모가 있다고 당당하게 말할 수 있다.

35

도움을 요청해서
손해 볼 일은 없다

우리는 자기 신뢰에 대해 이야기할 때 그 이점을 말하는 경우가 많다. 일상생활에서 자기 자신을 믿는 것은 좋은 일이다. 자신의 판단을 믿으면 그저 답을 위한 답을 찾으려는 경향이 줄어든다. 랄프 왈도 에머슨은 자기 신뢰라는 개념을 다룬 에세이(《자기 신뢰Self-Reliance》-옮긴이)까지 썼다.

아직 읽어보지 않았다면 꼭 읽어보기를 추천한다. 에머슨은 개인의 신념과 엮어서 자기 신뢰를 논했다. 그는 스스로 생각하는 태도를 옹호하며, 인생을 살아가는 데 있어 자신의 마음을 믿어야 한다고 주장했다.

자신이 일하는 분야나 믿는(혹은 믿지 않는) 종교, 함께 어울리는 사람들, 입는 옷, 머릿속에 있는 아이디어에 대해 생각해 보자. 아마도 다른 사람들 생각은 신경 쓰지 않은 채 그 모든 것을 결정했을 것이다.

다행스러운 일이다. 분명 다들 동의할 것이다.

하지만 자기 신뢰를 잘못 해석할 수도 있다. 간혹 말 그대로 모든 일에 있어 자기 자신을 믿어야 한다는 의미라고 생각하는 경우가 있다. 모든 일을 직접 하는 것이 더 좋다고 생각한다면 이는 좋지 못한 징조이다. 야심에 찬 사람이나 자기계발에 관심이 많은 사람이 대체로 그렇다. 바로 내가 그렇다. 그리고 자기계발서를 읽는 당신도 그런 성향이 있을 가능성이 크다.

도움을 요청하는 것이 어렵게 느껴진다면 자기 신뢰의 수준이 지나친 것이다. 자기 신뢰가 문제가 될 만한 수준인지 확인할 수 있는 또 다른 방법이 있다. '항상 사람들에게 자신이 괜찮다는 것을 알리고 싶은 욕구가 있는가? 심지어 상황이 좋지 않은데도 그런 마음이 드는가?'

항상 자신감 있는 표정을 지어야 한다고 느낀다면 엄청난 부담을 안고 살아가는 셈이다. 우리는 완벽할 필요가 없다. 상황이 여의치 않을 때도 있는 법이다. 그것도 삶의 일부이다.

더 많이 요청하자!

내 경험상, 대부분의 사람들이 직업적으로나 개인적으로나 어떠한 도움이나 응원, 피드백을 요청하지 않는다. 우리는 흔히 혼자 해보려고 애쓰지만, 더 나은 결과로 이어지지 않는 경우가 많다.

지난주에 글쓰기 강좌를 듣는 고등학생 요나스로부터 메시지를 받았다. 그는 자신의 글에 대해 몇 가지 물어보고 싶다고 했다. 그러면서 15분 정도 짧게 통화할 수 있는지 물었다. 충분히 생각한 후 메시지를 보낸 것 같고 질문도 훌륭했기 때문에 요나스의 진정성을 느낄 수 있었다. 그래서 나는 좋다고 답했다. 단지 요청만 하면 대부분의 사람들은 기꺼이 도와준다는 것을 알게 될 것이다. 상대방에게 자신이 연락한 이유와 원하는 것을 솔직히 말하면 응답을 얻는 경우가 많다.

상대방이 내 요청을 거부한다고 해서 상황이 더 좋아지거나 나빠질 것은 없다. 하지만 상대방이 내 요청을 수락한다면 무언가를 얻을 수 있다. 우리는 지나치게 신중한 경우가 많다. 상대방이 너무 바빠서 시간을 낼 수 없다고 지레 넘겨 짚는다. 물론 요나스가 2시간 정도 통화를 요청했다면 수락할 수 없었을 것이다. 하지만 엄청난 요청을 한 것이 아니었기에 수락하기 쉬웠다. 바로 이것이 요청할 때의 핵심이다.

상대방이 내 요청을 쉽게 수락할 수 있게 해야 한다.

편집자이자 자료 조사자로 나와 함께 일하는 존에게도 비슷한 일이 있었다. 나는 항상 페이팔을 통해 급여를 지급한다. 어쩌다 처음에 페이팔을 사용하게 되었고, 이후 그 방법을 바꾸지 않았기 때문이다.

어느 날 존이 급여 지급 방식을 계좌 이체로 바꿀 수 있는지 물었다. 페이팔의 수수료 때문이라고 솔직하게 이유를 말했다. 그것은 우리 두 사람 모두에게 해당되는 문제였다. 수수료를 아낄 수 있다면 급여 지급 방식을 바꾸는 것은 아무 문제가 되지 않았다.

존이 요청하지 않았다면 우리는 계속 그것을 이용하면서 여전히 수수료를 지불했을 것이다. 계좌 이체로 바꾸는 것이 우리 둘 모두에게 더 좋았다.

누군가의 도움이 필요하거나 성가신 일이 있거나 뭔가를 바꾸고 싶다면 그냥 부탁하자. 네덜란드에는 이런 말이 있다. "상대방이 이미 '아니오'라고 했어도 다음에는 '네'라는 답을 얻을 수 있다."

36

이상과 현실의 밸런스

관점에 대해 이야기해 보자. 아울러 특히 인생에서 가치 있는 일을 성취하는 데 얼마나 오랜 시간이 걸리는지를 생각해 보자. 많은 사람들에게 익숙한 이야깃거리일 테지만, 문제는 우리가 일상을 살면서 종종 관점을 잃는다는 것이다.

그럼 이런 질문부터 하겠다. '당신에게 가장 중요한 것을 이루기 위해 지금 무엇을 노력하고 있는가?'

"내 사업을 시작하려고 노력 중입니다"라고 하는 사람이 있는가 하면 "모르겠어요. 아무것도 안 하고 있는 것 같아요"라고 하는 사람도 있을 것이다.

전자의 경우에 해당되는 사람이라면 아마도 하루빨리 확

실한 결과를 내고 싶을 것이다. 반면 후자의 경우에 속한다면 자신이 무엇을 위해 노력하는지 너무나 알고 싶을 것이다. 우리 대부분은 즉각 결과를 얻고 바로 상황이 명확해지기를 바란다. 하지만 사람들의 삶을 들여다보면 현실은 그렇지 않다. 사실은 모든 일이 우리가 예상한 것보다 시간이 훨씬 오래 걸린다.

50대가 되도록 자신의 천직을 찾지 못하는 사람들이 있다. 그렇다면 인생을 바치고 싶은 일을 찾을 때까지 기다려야 하는가? 이 물음에 모두가 '아니오'라고 말하지만, 실제로는 그렇게 기다리며 사는 사람이 많다.

"뭘 하고 싶은지 모르겠어." 많은 이들이 그렇게 말한다. 그리고 마치 그것이 나쁜 것처럼 말한다. "내가 원하는 게 뭔지 모른다니 죽을 맛이야."

왜 그렇게 판단하는가? 그냥 사실을 말하자. "내가 뭘 원하는지 모르겠어." 그것이 전부이다. 좋은 것도 아니고 나쁜 것도 아니다. 인생이란 것이 원래 그런 것이다. 자신이 무엇을 원하는지 모른다거나 혹은 수년간 어떤 목표를 위해 노력하고 있다고 해서 인생이 무의미한 것은 아니다.

균형 잡힌 관점

매일매일 상황을 균형 잡힌 관점으로 보는 것은 중요하다. 항상 인생을 거시적인 안목으로 봐야 한다. 또한 역사를 현실적으로 생각해야 한다.

백만장자 대부분이 부를 쌓는 데 수십 년이 걸렸는데, 5년 안에 부를 쌓을 수 있다고 기대하는 것은 현실적이지 않다. 그렇다면 불가능한 일인가? 절대 그렇지 않다. 하루아침에 백만장자가 된 사람들도 있으니 말이다. 그렇다면 나 역시 그럴 가능성이 있는가? 거의 없다.

그것이 바로 균형 잡힌 관점이다. 스스로 추론해서 현실적인 것과 그렇지 않은 것을 이해하는 능력이다. 하지만 관점은 역사를 이해할 때만 생긴다. 자기 삶과 주변 환경밖에 보지 않는다면 상황을 균형 잡힌 관점으로 볼 수 없다. 그래서 많은 이들이 낙담한다. 그들은 자신만의 작은 세계 안에 그대로 갇혀 있을 뿐이다.

그리고 영화나 오락거리를 통해 영감을 얻는다. 그보다는 인생에서 어떤 것을 성취한 사람들과 이야기해 보고, 홍

미로운 사람들의 삶을 다룬 책을 읽어보자. 나는 최근에 데이비드 맥컬로프**David McCullough**(미국 작가·대중 역사가-옮긴이)의 책을 샀다. 시어도어 루스벨트를 다룬《아침마다 안장 위에서: 범상치 않은 가족의 이야기, 사라진 삶의 방식, 그리고 독특한 아이 시어도어 루스벨트**Mornings on Horseback: The Story of an Extraordinary Family, a Vanished Way of Life and the Unique Child Who Became Theodore Roosevelt**》라는 책이다.

나는 책 제목만 보고 샀다. 물론 유명한 전기 작가인 맥컬로프의 명성도 한몫했다. 하지만 나는 부제가 마음에 들었다. 시어도어 루스벨트가 정체성을 확립하는 시절부터 인격 형성이 끝난 40세 즈음까지를 다루고 있다.

대통령으로서 가장 잘 알려진 시절과 그 이후는 다루지 않는다. 이 역시 관점이다. 맥컬로프는 실제 말년의 루스벨트라는 인물에게 영향을 미친 이전 시절에 더 관심이 있었다.

의도적인 무지

시간이 너무 오래 걸리기 때문에 때로는 약간 무지할 필요가 있다. 문자 그대로 그래야 한다는 뜻이 아니라 어떤 일에 있어서는 의도적으로 무지해지자는 것이다. 최근에 나는 성공적인 투자가뿐 아니라 작가로도 유명해진 하워드 막스 **Howard Marks**(부실 증권 전문 투자사 오크트리 캐피털 CEO-옮긴이)의 인터뷰를 봤다.

하워드 막스는 10년 동안 고객들에게 메모를 남겼지만 단한 번도 회신받은 적이 없었다고 한다. 결코 짧지 않은 기간이지만, 그는 계속해서 메모를 남겼다. 피드백도 받지 못한 채 지속해서 그러기에 10년은 긴 시간이다. 대부분의 사람들은 그만뒀을 것이다. 유용한 정보를 줘서 고맙다는 답을 할만큼 관심을 보인 사람이 아무도 없었기 때문이다.

그것을 끈기라고 해도 좋고 무식함이라고 해도 좋다. 무엇으로 부르든 나는 그것을 존중한다. 좋은 삶을 살기 위해서는 그런 행동이 필요한 법이다. 그렇다면 당신이 지금 당장 그만두고 싶은 일은 무엇인가? 그것을 무식하게 계속 해보는 건 어떨까?

인생은 길다. 의구심이나 판단은 한쪽으로 미뤄두고 계속 앞으로 나아가면서 나에게 즐거움과 활력을 주는 일을 하자.

37

길을 잃은 자가
새로운 길을 발견한다

정말 열심히 노력하고 있지만 의미 있는 진전이 없다면 어떨까? 지금 많은 사람들이 공감할 수 있는 문제라고 생각한다. 불과 몇 년 전에 비해 우리의 삶은 정말 크게 달라졌다. 얼마 전에 만났던 사람은 나에게 이렇게 말했다. "사람들이 점점 더 미쳐가는 것 같아요."

맞는 말인 듯하다. 〈월스트리트저널The Wall Street Journal〉에서 비행기 내 '진상' 승객 수에 관한 기사를 읽었다. 올해는 난폭하고 무례한 승객이 일으킨 기내 사고가 그 어느 해보다 잦았다고 한다. 올해가 끝나려면 아직 5개월이나 남았는데 말이다.

도로, 매장 등 일상 공간에서 일어나는 상황도 이와 별다르지 않다. 게다가 직장 생활도 점점 힘들어지는 형편이다. 모든 것이 비싸지고 있고, 대부분의 도시에서 부동산 가격은 터무니없는 수준이다.

그러다 보니 사람들은 중압감과 스트레스를 많이 받는다. 목표를 이루려고 할 때 진이 다 빠져서 힘을 쓰지 못하는 경우도 많다.

지난 토요일에 한 친구가 놀러 왔다. 사람 좋은 이 친구는 시간을 너무 많이 허비하게 된 것이 불만스럽다가 화가 났고 나중에는 죄책감이 밀려왔다고 털어놓았다. 야심 찬 사람들이 항상 자기 자신에게 가장 가혹한 법이다. 우리는 자기 내면에서 그런 비난의 목소리가 나오는 것을 차단할 필요가 있다.

'스트레스는 쌓이고 시간만 허비한 채 발전도 이루지 못한 상황이라면 어떻게 할 것인가?' 지난달 여러 사람에게 이 질문을 했는데, 다들 이렇게 말했다. "새로운 목표를 세우고 변화를 시도해 봐야지요." 그럴 상황이 아니라면 억지로라도 일을 마무리하려고 애쓴다고 했다.

땡! 이 방법은 틀렸다.

다음에 꽉 막힌 기분이 들 때 이렇게 해보자. 그 상황을 감수하자. 농담이 아니다. 그냥 그 상황을 받아들이자. 백기를 들고 아무것도 하지 말자. 이 말에 친구는 이렇게 말했다. "잠깐만, 뭐라고? 항상 생산성이 어쩌고 하지 않았어?"

맞는 말이다. 나는 장기적인 생산성을 중요하게 여기고, 생산적으로 살아야 한다는 이야기를 입에 달고 지낸다. 하지만 살다 보면 좋을 때도 있고 나쁠 때도 있는 법이다. 1년 내내 한결같은 모습을 기대하는 것은 비현실적이다. 생산적인 사람이 되려고 억지로 노력하는 것은 스스로 해를 끼치는 행위일 뿐이다. 결코 도움이 되지 않는 일이다. 하지만 내가 알기로 매일 많은 사람들이 온라인에서 그런 시도를 하고 있다.

그런 시도가 모두에게 효과가 있는 것은 아닌데, 항상 놀라울 따름이다. 사람들은 게리비**GaryVee**(디지털 마케팅 기업 바이너미디어의 CEO이자 베스트셀러 작가인 게리 바이너척을 가리킴-옮긴이)나 조코 윌링크**Jocko Willink**(미 해군 특수부대 네이비씰에서 20년간 복무했고 이라크 전쟁에 참전해 수많은 작전을 성공시킨 인물-옮긴이) 같은 사람을 따라 하려 애쓰고, 자기도 그들과 똑같이 할 수 있다고 생각한다. 나 역시 이런 사람들을 좋아하지만, 그들과 똑같이 하겠다는 말은 아니다. 일론 머스크Elon Musk를 따라서 로켓을 만들겠다는 말과 다를 바 없다.

그냥 유전자가 다른 사람들이 있다. 만약 하루에 4시간만 자고 18시간을 일한다면 나는 미쳐버릴 것이다. 1~2주 정도 엉망으로 지낸다고 해서 세상이 끝나는 것은 아니다. 좋은 의도를 가지고 내 삶을 꾸준히 발전시키려고 한다면 여기저기 시간을 허비하는 것은 아무런 문제가 되지 않는다.

악마는 디테일에 있다는 것을 알고 있다. 하지만 솔직히 말해서 시간을 좀 허비했다고 화를 내기에는 인생이 너무 짧다.

물론 하루도 빠짐없이 놀기만 하면서 매년 허송세월한다면 문제가 된다. 그런 경우에는 아마 한참 지나서 후회하며 인생을 돌아보게 될 것이다.

그 외에는 괜찮다. 생산성과는 거리가 먼 행동을 억누르지 못할 때 재미있는 일이 벌어진다. 물살을 거슬러 헤엄치지 말고 자연스러운 흐름에 몸을 맡긴 채 인생을 즐기자. 아이스크림도 먹고, 팝콘을 먹으며 영화도 보자.

얼마 지나지 않아 그런 생활이 지겨워질 것이다. 어떤 것들에 대해 다시 호기심이 생기고, 답을 알아내고 싶은 기분이 들고, 다시 앞으로 나아가고 싶어질 것이다.

그때가 바로 다시 한번 전력을 다해야 할 순간이다.

38

현재에 90%의
에너지를 쏟아라

우리는 현재와 미래 사이에 놓인 선택지를 끊임없이 마주한다. 지금 당장의 즐거움을 좇아야 할까? 아니면 나 자신에게 투자해서 더 나은 미래를 꿈꿔야 할까?

이 결정을 내리는 것이 어려운 이유는 인생이 녹록지 않기 때문이다. 우리는 앞으로 무슨 일이 벌어질지 모른다. 모든 것이 불확실할 뿐이다. 하지만 스스로 대비한 문제들에 대해서는 대처할 수 있다.

앞서 생각해 보라고 권하고 싶다. 대부분의 사람은 모든 일은 그저 지나간다고 생각한다. 하지만 사실 우리는 훨씬 더 불확실한 상황의 시작점에 서 있을 뿐이다. 우리가 무엇을 할 수 있을지에 집중하자. 인생을 사는 것이 얼마나 힘든지 걱정하는 것은 우리에게 전혀 도움이 되지 않기 때문이다.

1. 매일 자신의 역량을 향상시키자

내가 회사와 직업에 기여하는 가치가 커지면 커질수록 실직할 가능성은 줄어들 수밖에 없다. 업무 역량은 그 어느 때보다 중요하다. 지금이 전성기라고 해도 하루에 한 시간 이상은 시간을 내서 자기계발을 하거나 새로운 기술을 배우자.

2. 새로운 수입원을 만들자

현재 수입원이 하나든 여럿이든, 올해는 수입원을 하나 더 추가해 보자. 부업으로 얼마를 더 벌든 상관없다. 새로운 수입원은 미래에도 경쟁력을 유지하기 위한 대비책이라는 점이 중요하다.

단편적으로 생각해서 2020년 코로나 팬데믹이 절정이었을 때를 돌이켜보자. 모든 것이 봉쇄되었을 때 멈추지 않던

업계는 어디였는가? 출판, 강좌, 블로그, 부동산, 주식, 온라인 쇼핑몰, 음식 배달 등의 사업은 계속 이어졌다.

3. 건강을 챙기자

좋은 습관을 소홀히 하고 마냥 청춘을 즐기고 싶은 마음이 들기 쉽다. 물론 어느 한쪽도 소홀히 하지 않는 것이 좋다. 여전히 건강을 유지한 채로 계속 운동할 수도 있는 법이다.

4. 명상하자

혹은 적어도 현재 상태를 유지하면서 즐거운 하루를 보내는 데 도움이 되는 명상을 연습하자.

5. 투자하자

지금 내 마음속에서 가장 큰 부분을 차지하는 생각이다. 때로 전망이 암울할 때도 계속 투자를 하고 싶다. 우리는

2020년 3월 주식시장이 폭락한 뒤 빠르게 반등한 것을 봤다.

이는 삶의 중요한 교훈이기도 하다. 우리는 종종 위기를 겪지만 언제나 제자리로 돌아온다. 만약 포기하거나 지레 겁을 먹으면 우리는 미래에 얻을 수도 있는 이익을 놓치는 셈이다. 그러므로 항상 세상에 있는 기회를 인식하고 있어야 한다. 모든 일에 큰 노력이 필요한 것처럼 보이지만, 실제로는 그렇지 않다. SNS를 덜 들여다보고, 시장에 투자하고 자기 삶을 개선하는 법을 배우는 데 시간을 더 쓰자.

이것은 앞서 생각하는 것과 현재를 사는 것 사이의 균형을 찾는 일이다.

우리는 앞날을 내다보는 동시에 하루하루 즐겁게 지내고 싶다. 미래만 생각한다면 역효과가 날 수 있다. 확신을 느끼기보다 불안감을 더 느낄 수 있다. 나는 매주 몇 시간은 미래를 계획하고 생각하는 데 할애한다. 그러고 나서 계획을 실행하거나 즐거운 하루를 보낸다.

시간에 대한 내 관점은 이렇게 요약할 수 있다.

- 1퍼센트는 과거에 집중할 것: 이 책에서는 언급하지 않았지만, 관련 내용을 다양하게 써왔다. 나는 때로 배우기 위해 과거를 돌아본다. 그렇다고 과거에 갇히고 싶지는 않다. 배우기 위해 되돌아볼 뿐이다.

- 9퍼센트는 미래에 집중할 것: 계획하고 생각하는 데 전념하는 시간이다. 그렇다고 항상 생각에 빠져 있고 싶은 것은 아니다.

- 90퍼센트는 현재에 집중할 것: 계획을 실행하고 오늘 하루를 즐겁게 보내는 시간이다.

날마다 앞서 생각할 필요는 없다. 일주일에 몇 번 시간을 할애하는 것만으로도 충분히 준비할 수 있다. '계획하기'는 하면 할수록 좋아지는 정신 훈련이다.

시작할 때 쓸모 있는 것을 하는 기분이 들지 않아도 괜찮다. 1년 정도 지나면 모든 것이 이해될 테니 말이다.

39

마무리하며

이 여정에 함께해 줘서 고맙다는 인사를 전하고 싶다. 내 목표는 당신에게 '가장 중요한 생각만 남기는 기술'을 소개하는 일이었다. 이 책이 누군가에게는 믿고 기댈 버팀목이 됐으면 한다. 특히 힘겨운 시기를 겪고 있다면 여러 번 읽어보기를 바란다.

　시간을 내어 이 책을 끝까지 읽어준 것에 감사의 마음을 전한다. 어느 한 권의 책을 정해서 읽는 것은 수백만 가지의 선택권이 있는 독자에게는 소소한 일이지만, 저자 입장에서는 그 무엇보다 소중한 일이다.

이 책이 마음에 들었다면 나의 홈페이지 **https://DariusForoux. com/ THINK-STRAIGHT-BONUS**에 들어가 뉴스레터를 구독해 업데이트된 전자책을 받기 바란다.

'가장 중요한 생각만 남기는 기술'을 다루는 대화를 쭉 이어갈 수 있으면 좋겠다. 나는 다른 사람들도 잘 생각하며 사는 모습을 보고 싶을 뿐이다. 더 좋은 미래를 위해 행동에 나서고, 그 결과를 내게도 알려주기를 바란다.

40

추가 읽을거리

월리엄 제임스, 찰스 샌더스 퍼스, 존 듀이 같은 실용주의 자들은 자신을 철학자라고 생각하지 않았다. 사실 그들 대부분은 철학이 쓸모없다고 믿었다.

오늘날 우리는 이들을 철학자라고 부르지만, 그들에게는 다른 직업이 있었다. 소위 실용주의 사상가라고 불렀던 이들은 판사나 교육자, 정치인, 시인 등의 직업을 가졌다.

그들은 어떤 철학 사조가 최고인지를 두고 끝없이 논쟁하는 대신 더 나은 삶을 살기 위해 실용주의 사상을 활용했다.

잘 살기 위해 철학을 영원히 공부할 필요는 없다. 대신 우리는 행동해야 한다. 그래서 추가로 읽을거리를 간단히 언급하고 넘어가려고 한다.

만약 실용주의 사상을 다룬 책을 더 읽고 싶다면 윌리엄 제임스의 책을 추천한다. 내가 가장 좋아하는 실용주의 사상가이다.

또한 랠프 바턴 페리Ralph Barton Perry(미국의 철학자-옮긴이)가 쓴 윌리엄 제임스 전기는 그의 실용주의 정신에 대한 탁월한 해석뿐 아니라 그가 남긴 일기 내용도 담고 있다.

실용주의 전반을 다룬 책을 한 권만 읽고 싶다면 주요 실용주의 철학자들의 몇 가지 주장들을 다룬 루이스 메난드의 책을 추천한다. 그는 통찰력 넘치는 설명을 통해 실용주의 핵심 사상을 더 자세히 보여준다.

- 윌리엄 제임스의 《실용주의와 그 밖의 저술Pragmatism and Other Writings》

- 랠프 바턴 페리의 《윌리엄 제임스의 사상과 성품The Thought And Character of William》

- 루이스 메난드의 《실용주의의 길잡이Pragmatism: A Reader》

감사의 글

이 책을 끝까지 읽어준 것에 고마움을 느낀다. 할 수 있는 다른 수많은 일이 있었을 텐데, 이 책에 시간을 쓰기로 한 것에 감사를 표한다. 모든 콘텐츠의 목표는 누군가가 나에게 미리 알려줬으면 좋았을 내용을 공유하는 것이다.

나는 평생 배우는 일에 전념하며 블로그와 책에 모든 것을 공유하고 있다. 독자가 없다면 작가가 될 수 없다. 나를 작가로 만들어준 것에 감사를 전한다.

계속해서 새로운 정보를 얻거나 이메일을 보내고 싶다면 홈페이지www.dariusforoux.com에 들어가서 무료 뉴스레터를 신청해 보자.

다리우스 포루

"인생은 우리가 하루 종일
어떤 생각을 하는지에 따라 결정된다."

-랄프 왈도 에머슨

"유익이 되는 좋은 것들을 배우는 일에
시간을 사용하고, 아무런 유익도 없는 쓸데없는 일에
이리저리 끌려다니는 것을 멈추라."

-마르쿠스 아우렐리우스

옮긴이 정미화

이화여자대학교 철학과를 졸업했다. 글밥 아카데미 수료 후 현재 바른번역 소속 번역가로 활동 중이다. 옮긴 책으로는 《5초의 법칙》, 《탄탄한 논리력》, 《공리주의》, 《최강의 식물식》, 《여성의 종속》 등이 있다.

가장 중요한 생각만 남기는 기술

초판 1쇄 인쇄 2024년 5월 15일
초판 1쇄 발행 2024년 5월 20일

지은이 다리우스 포루
옮긴이 정미화

발행인 유영준
편집팀 한주희, 권민지, 임찬규
마케팅 이운섭
디자인 유어텍스트
일러스트 한승연
인쇄 두성P&L
발행처 와이즈맵
출판신고 제2017-000130호(2017년 1월 11일)

주소 서울 강남구 봉은사로16길 14, 나우빌딩 4층 쉐어원오피스(우편번호 06124)
전화 (02)554-2948
팩스 (02)554-2949
홈페이지 www.wisemap.co.kr

ISBN 979-11-89328-76-4 (03190)